노을에 물들다

노을에 물들다

고연숙 수필집

수필과비평사

| 책머리에 |

수필집《아름다운 뒷모습》을 펴낸 지 6년여의 세월이 지났다. 결코 짧지 않은 세월의 흐름 속에서 또 세상은 많이 변했다. 개인적으로는 오랜 교직 생활을 마감하고 보낸 이 시간 동안 무언가 의미 있는 삶을 살아야 한다고 다짐해 왔지만, 무엇 하나 뚜렷이 이룬 것 없이 시간만 보낸 것 같아 허탈함뿐이다. 그렇다고 문학을 위해 뭘 했는지 돌아보면 그 막막함은 더하다. 초로初老가 몰려오던 시간 속에서 문학에서는 뭘 거두고 뭘 잃어버렸는지 가늠할 수가 없다.

언제나 현실과 이상 사이를 배회하면서 삶과 문학의 진실은 희미한 그림자로만 바라볼 뿐이었다. 문학은 세상과 인생을 조금이라도 의미 깊게 그려내는 서사 행위여야 한다고 다짐했지만, 그것은 생각뿐이었다. 또 언어 밖의 설명하기 힘든 불가해성을 언어화하려는 노력이어야 한다는 것 역시 도달키 어려운 명제에 불과했다. 문학의 길은 갈수록 아득하다.

지금 세상 곳곳에서는 정체불명의 질병과 자연재해가 일어나고 있다. '코로나 바이러스'라는 질병이 온 세상을 뒤흔든 지 벌써 일 년이 되어가고, 그 속에서 무수한 희망의 말들도 숨죽인 채 비일상의 낯선 시간 속에서 헤매고 있다. 주변은 온통 어둠이 가득하고 여기저기서 신음이 들릴 뿐이다. 부정성이 보편화되어버린 시대에 과연 문학에 아직도 희망이 존재하고 있는 걸까. 깜깜한 새벽에 잠이 깨면 이게 우리가 살아야 할 세상인가 하는 생각이 든다. 하지만 아무리 삶이 황폐화하고 문학의 무용無用함이 이야기되는 시대라도 작가의 몫이 있지 않을까.

책으로 만들기 위해 원고를 정리하면서 문득 나는 고향에 있으면서도 고향을 그리워하는 이방인 같다는 생각이 든다. 긴 세월 바깥세상을 돌아다니다가도 나를 따뜻이 맞아주는 건 고향 집밖에 없다. 그 고향은 바로 문학이다. 아무리 힘들어도 고향의 하늘과 오름과 바다를 떠나서 나는 살 수 없다. 아메리카 인디언들이 하늘에 흘러가는 구름과 바람에 흔들리는 잎새를 바라보면서도 영혼의 떨림을 느꼈듯이, 나는 제주의 푸른 바다를 바라보고 적요한 오름에 올라 생명과 사랑을 노래한다. 내 고향 제주는 속진에 찌든 내 곁에 앉아서 눈물겨운 사랑의 노래를 속삭여 줄 것이다.

나이가 드는 것에 비례하여 삶의 지혜로운 눈도 가질 수 있을 줄 알았는데 그렇지 못하다. 매사에 여전히 어리석고 모자라다. 하지만 늙는다고 서럽기만 할까. 인생의 무거운 짐을 부려놓고 서산에 지는 노을을 지긋하게 바라볼 수 있는 나이에 이르니 차라리 홀가분하다. 그동안 힘들었던 삶으로부터 비워지는 시간, 바람 자고 물결 고요해지는 시간에 노을을 바라볼 때는 한없이 황홀하다. 하루가 저물 때의 노을이 아름답고 가을이 깊어져야 귤 향도 깊어진다고 하거늘, 내게 그런 시간이 왔다. 태어난 지 엊그제 같던 손주가 감귤처럼 무럭무럭 자라 혼자 힘으로 걸어 다닌다. 저들의 영롱한 눈동자를 바라보면서 이 세상도 더욱 밝고 아름다워지기를 소망해 본다.

오랜 시간 함께 소중한 인연을 나누고 있는 지인과 문우들, 그리고 제주수필아카데미의 허상문 교수님께 감사드린다. 책 출간에 지원을 아끼지 않은 제주문화예술재단 관계자분들, 수필과비평사의 여러분들께도 감사드린다.

2020년 겨울에

고연숙

차례

2부

3부

4부

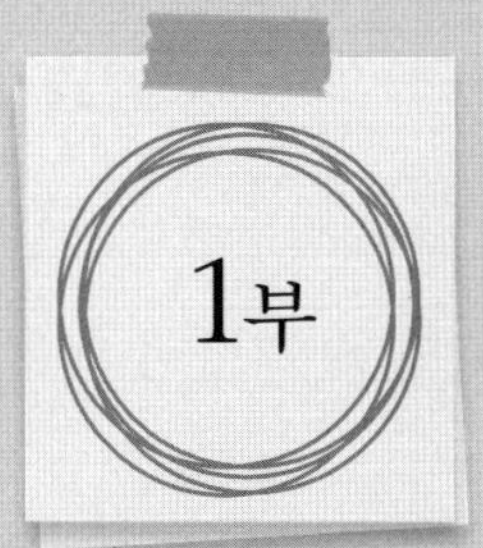

이삿짐을 정리하며/골목길/괘종시계 소리/나비의 꿈/바다로 가는 목마/
선 굿기/풀꽃 향기/주인 잃은 자전거/갈대

이삿짐을 정리하며

이사하기 위해 이십여 년 동안 살던 집을 정리하게 되었다. 집안 곳곳에 숨어 있던 물건들은 오랫동안 고래 뱃속에 갇혀 있다가 한꺼번에 쏟아져 나오는 듯하다. 어딘가에 묵혀 있다가 얼굴을 내밀며 나오는 물건들은 내 인생의 케케묵은 찌꺼기가 얼마나 잡다한 것인가를 잘 보여주고 있다.

그동안 일상처럼 자명해 보이던 사물들을 통해 새삼 내 삶의 욕망과 허위의 모습을 보게 된다. 익숙한 공간과 물건들은 저마다의 의미를 지니며 자신의 자리를 당당하게 차지하고 있었다. 일상의 삶이란 누군가에 의해 만들어진 유형의 삶을 답습하는 것이며, 재창조의 삶이란 그것을 탈피하고 새 국면으로 나아가고자 하는 시도다. 이삿짐을 정리하다 보면 일상적 삶의 찌꺼기를 털어내고 재창조의 삶에 대한 의욕이 솟아난다.

삶을 위한 도구들은 곳곳에 넘칠 정도로 많았다. 하루하루 먹고살기 위한 도구들이 부엌에는 가득했다. 부엌에 옹기종기 모여 있는 도구들이 만들어낸 음식으로 나의 '육체'와 '영혼'은 존재할 수 있었을 것이다. 육체가 없는 영혼이 존재할 수 없듯이 영혼이 없는 육체도 존재할 수 없다. 음식이 몸을 통해 흡수되는 물질이라면, 물질은 내 몸과 영혼을 이룬다. 오늘도 나는 음식물을 통해 세상과 교류한다.

냉장고에는 음식물이 넘쳐나고 있다. 지구의 한편에서는 먹을 것이 모자라 죽어가고 있지만 다른 한편에서는 음식물이 썩어가고 있다. 아무리 호화로운 도시일지라도 식사를 제대로 공급받지 못하면 무정부 상태가 된다. 한 도시를 마비시키는 것은 간단하다. 냉장고 전원을 모두 꺼버린다면, 그 어떤 테러보다 '강력하고 빠르게 도시는 금세 무너질 것이다. 우리는 너무나도 익숙하게 냉장고에 길들여 있다. 인류가 프로메테우스로부터 불을 얻어 맘껏 사용하더니 언제부턴가 차가움을 갈망하기 시작했다. 이제 우리의 삶에서 냉장고는 삶의 중심이 되어 있다.

인간의 영원한 숙명은 생존을 위해 음식을 섭취해야 한다는 것이다. 나는 아침저녁으로 냉장고의 문을 여닫는다. 만약 냉장고가 없다면 오죽 불편할까. 냉장고에는 비옥한 땅과 풍요로운 바다를 가진 사람만이 누릴 수 있는 음식물로 가득하다. 머나먼 곳에서 아침에 생산된 물건들이 저녁에는 냉장고에 들어와 세상과 나의 관계를 더욱 깊게 만들어주고 있다.

부엌에 있는 수많은 도구는 모두 중요한데 그릇도 그중의 하나다. 사람에게는 혀가 있지만, 그릇엔 혀가 없다. 그릇은 항상 이타적으로 존재한다. 온몸으로 자신을 바칠 뿐, 한 순갈로도 허기를 스스로 달래지 못한다. 사람들은 그릇을 이용만 할 뿐 그 존재 가치를 생각하지 못한다. 사람들의 이기주의와 그릇의 이타주의 사이엔 늘 은하수가 흐른다.

내가 사용하는 도구들은 내 몸의 연장이다. 주방에 여럿 있는 칼은 사람들을 위한 유용한 도구다. 칼에 의탁해 사는 사람의 칼에는 행복과 불행이 함께 있다. 오늘도 주방에서 음식을 만들기 위해 칼에 의존해야 하는 내 모습은 고달프지만 행복하다. 칼은 사람을 살리면서도 죽인다. 요즘 벌어지는 끔찍한 사회현상을 보면 칼을 만지기 싫다. 주방의 칼을 몽땅 버리고 싶다는 생각을 한 적도 있다. 저 시퍼런 칼날이 얼마나 잔혹하게 사용되었던가.

주방에서 가장 많이 사용하던 물건 중의 하나는 오븐이다. 오븐은

한 몸에 물질을 담아 데운다. 오븐은 언 것을 녹이고, 생기 없는 것을 생생하게 만들어 무에서 유를 창조한다. 밀가루와 이스트를 섞어 넣어두면 먹음직스러운 빵이 되어 나온다. 아무것도 없는 상태에서 뭔가를 만들어낸다는 건 엄청난 일이다.

사나운 파도가 넘실대는 바다같이 모든 걸 뜨거운 불길로 사로잡는 오븐. 뭔가를 만들어내기 위해 온갖 원소들은 서로 바라보면서 부딪힌다. 물과 불, 음과 양이 서로를 받아들인다. 마침내 무한한 허무가 한 알의 보석으로 응집되고, 어두운 밤 한가운데 한 줄기 빛이 되어 반짝거린다. 그 빛은 마침내 찬란한 생명체로 탄생한다.

오븐 속에서 뜨거운 물건을 끄집어낼 때, 얼굴에 밀려오는 열기가 싫지 않다. 제 속에 담겼던 것들을 거침없이 쏟아내는 그 뜨거운 에로티시즘의 순간에 내 몸은 떨려온다. 인간이든 사물이든 모든 생명의 절정은 위대하다. 하지만 그 절정은 허무하다. 세계란 불가해한 것, 현실은 꿈과 같은 것, 생명은 소멸하는 것이기 때문이다.

장롱에 가득 찬 옷들은 사치와 욕망의 잔해들이다. 옷장을 보면 늘 뭔가를 넣고 싶고 뭔가를 꺼내고 싶다. 옷장은 옷이 빠져나올 때 허전해하고, 옷을 넣을 때 만족해한다. 옷장은 이옷 저옷을 위해 열리고 닫힌다. 나의 하찮은 과시욕을 위해 걸치고 다녔던 옷들은 지금 옷장 안에서 잠자고 있다. 에덴동산 이후로 인간은 옷을 입지 않고는 존재할 수 없게 되었다. 세상 곳곳에서는 아름다운 옷을 입은 사람들이 어딘가로 흘러가고 있다.

누군가 갖고 싶은 옷을 하나 말하라고 한다면, 예쁜 자수를 놓은 비단옷이라고 거침없이 말하겠다. 손녀 첼시가 초등학교에 입학하면 내가 만든 비단옷을 입히고 싶다. 첼시를 위해 며칠 밤을 새워서라도 비단에 한 땀 한 땀 자수를 놓아 아름다운 드레스를 만들어 줘야지. 첼시가 얼마나 좋아할지 가슴이 벌써 두근거린다.

언젠가 인도에서 본 여인을 잊을 수가 없다. 바람에 흩날리는 비단 사리 옷을 입고 먼 길을 떠나는 그녀의 모습이 얼마나 신비롭고 멋스럽던지. 그녀와 나 사이에서는 커튼이 펄럭이고 있었다.

가끔은 해가 중천에 떠오르도록 침대에 누워 창밖의 세상과 창 안의 세상을 바라본다. 그 사이에는 커튼이 장막을 이루고 있다. 커튼을 바라보고 있으면 많은 생각이 떠오른다. 창 안의 세상과 창밖의 세상을 구분 짓는 커튼은 멈춰 있는 것 같지만 끊임없이 움직이면서 이 세상과 저 세상을 연결한다. 그 움직임들은 창 안에서 존재하는 삶의 공간과 시간에 대해 생각하게 하고, 창 너머의 세상에 대해 상상하게 만든다. 창과 커튼을 통해 어떠한 삶을 살아가야 할 것인가에 대해서 생각해 보게 된다.

커튼은 온몸으로 빛을 가득 안고 있다가 어느 순간 자연스럽게 빛을 들여보내 준다. 커튼은 빛과 어둠을 동시에 안고 있다. 벽이 될 수도 있지만, 벽을 치고 세상을 거부하는 게 아니라 자신과 다른 존재를 자연스럽게 받아들여 주겠다는 의지를 보여준다. 경계를 두고 타자를 거부하는 방식이 아니라, 포용하는 방식으로 이곳과 저곳을 일정한 거리로 유지하고 연결한다. 커튼의 이런 모습은 내 삶의 방식이 어떠해야 할지를 일깨워주고 있다.

저녁에 오랜 시간을 보내는 곳은 욕실이다. 욕실에서 몸에 비누 거품을 내다가 거울에 비친 내 모습을 바라본다. 무심코 들여다본 거울 속에는 뭉게구름 속에 비치는 흐릿한 모습이다. 거울이 내 몸 구석구석을 들여다보지만, 좀체 내 모습은 보이지 않는다. 거울은 아무리 애를 써도 나를 찾지 못한다.

허리를 구부려도 어깨를 젖혀 봐도 손길이 닿지 않는 그곳에는 출구를 찾지 못한 짐승이 한 마리 오롯이 살고 있다. 그 짐승은 실체도 없이 불쑥불쑥 나타나 나를 괴롭히다 사라지곤 한다. 그것은 아무도 달래줄 수 없는 쓸쓸함과 아쉬움의 편린 같은 것이다. 고독은 누군가와 살을 맞댐으로써 치유될 수 있는 것이 아니었다. 나의 고독은 오직 '혼자 있음'으로써 연소시킬 수 있는 능동적 행위다.

나는 모든 만남에 서툴다. 사물을 보는 방식도, 대상에 대한 이해와 표현 방식도 모자란다. 보고 싶은 것만 보려 하고, 보기 싫은 것은 보지 않으려 한다. 내 눈으로만 세상을 보려 하고, 타인의 눈으로 세상을 보려 하지 않았다. 사물은 언제나 제자리에 있는 대로 존재하지만, 사물을 전체와의 조화 속에서 바라보고 이해하지 못했다.

편견과 아집의 흐려진 눈으로 보는 사물들은 진정 내 것이 아니다. 그렇게 손에 들어온 사물은 아무런 말도 건네지 않았다. 그런 사물들과 교감도 없이 그저 껍데기만 안고 수십 년을 함께 살아온 셈이다.

이사하기 위해 끄집어 내놓은 저 엄청난 물건들을 어찌할 것인가. 인생살이가 많이 가졌다고 행복해지는 것은 아니라고 배웠지만, 그동안 크고 작은 것들을 저렇게나 모아왔다는 사실이 놀라울 따름이다. 집안 곳곳에서 쏟아져 나오는 물건들을 바라보고 있으니 지난일들이 희미한 등불 같은 회한으로 남는다.

어차피 인생이란 기쁨과 슬픔, 고통과 희열이 동반되면서 지상에서 천국으로 이사하는 기나긴 여정이 아니던가. 언젠가는 내가 맞이하게 될 죽음도 지상에서의 마지막 고통이 아니라, 삶의 터전을 천국으로 옮기기 위해 이삿짐부터 정리하는 작업일 것이다. 우리네 삶은 현재진행형의 치열한 과정일 수밖에 없다. 현재를 열심히 살아가다 보면 의미 있는 마무리를 할 수 있을까.

해묵은 옛것들을 뒤적이며 피어오르는 회상과 더불어 이 밤의 시간도 흘러간다. 하루하루가 간다는 것, 그리하여 언젠가는 떠나는 날이 온다는 것, 그러한 시간의 흐름 속에서 우리는 다시 어딘가로 가야 한다. 이 밤이 지나면 저 케케묵은 이삿짐을 가득 싣고 떠날 거지만, 이 세상을 떠날 때 내가 가지고 갈 수 있는 건 무엇일까?

골목길

세월은 강물처럼 흘러 코흘리개 소녀는 속 깊은 초로의 여인이 되었다. 아직도 세상사와 인간에 대한 애증으로 밤잠을 설치는 날이 많지만, 소녀는 키도 커지고 마음도 깊어졌다. 어른이 된 소녀는 문득 그 골목길이 궁금해졌다. 아직도 그 골목길은 언덕배기에 미로같이 숨겨져 있을까. 지금도 누군가 골목길에서 그 옛날의 소녀처럼 미로 찾기를 하고 있을까.

수십 년 가까운 세월이 흘렀기에 나는 별 기대 없이 그곳을 찾아 나선다. 꼬불꼬불 좁은 골목길에 엉기성기 쌓은 돌담과 아담한 옛 슬레이트집들이 끊길 듯 이어지면서 어느새 나는 아스라한 유년 시절로 되돌아가고 있다. 아련한 기억을 가만가만 더듬어가며 의외로 별 어려움 없이 그 골목길을 찾아낼 수 있었다. 골목을 경계로 위쪽은 깨끗이 정리되어 빌라나 상가들이 빼곡하게 들어찼지만, 골목 아래쪽으로는 개발의 손길이 아직 덜 닿았는지 옛 모습이 많이 남아있었다. 골목길을 굽이돌다가 이내 한눈에 들어왔던 그 집! 손바닥만 한 변소 문을 낀 나무 대문이 휘어지고 비틀어져 있어 안이 늘 빠끔히 들여다보이던 집, 마당에 앉으면 얕은 담장 너머로 바다가 훤히 건네 보이던 그 집이 마치 오랜 시간 나를 기다리고 있던 것처럼 거기 앉아있다.

골목길은 언제나 살아 꿈틀대고 있었다. 장마가 끝날 무렵이면 소독차가 나타난다. 아이들은 달리는 차 꽁무니로 뿜어져 나오는 하얀 소독약 냄새를 따라 이 골목 저 골목 누벼 다녔고 고무줄놀이를 하다가 실랑이를 벌이기도 했다. 전쟁놀이가 벌어질 때는 새총이나 막대기들이 등장해서 치열한 땅 싸움이 일어났다. 골목길은 왁자지껄해지고 간혹 옆집 할아버지가 나타나 시끄럽다며 지팡이를 휘두르면 우르르 골목 밖으로 줄행랑쳤다가 금세 제자리로 돌아와 다시 놀던 아이들. 날이 어둑해질 무렵에 "순덕아, 밥 먹을 시간 되었다." 하고 불러대야 떨어지지 않는 발길을 돌리곤 했다.

저녁밥을 먹고 나면 우린 다시 모여 놀았다. 밤늦게 방에 들어가면 분홍색 캐시미어 담요 속에서 동생들은 벌써 잠들어있었다. 잠든 동생들 사이로 미끄러지듯 파고들 때의 그 푸근함, 추위를 피해 아랫목으로 옹기종기 모여들며 뒤엉키던 속살들의 절절한 온기. 내 삶이 메마르다 싶을 때 나는 이날들을 떠올린다. 그 선명하게 궁핍했던 삶이 나에겐 큰 위안이 되기 때문이다.

골목길에서는 사랑이 넘쳐났다. 추운 겨울날 밤, 제사가 끝나면 어머니는 음식을 이집 저집 돌렸는데 빈 그릇인 채로 돌아오는 일은 거의 없었다. 뭔가로 대신 가득 채워져 있었는데 밭에서 난 고구마나 텃밭에서 나는 무 · 배추 같은 푸성귀들이었다. 보잘것없어 보여도 싸주시는 손길엔 따스한 정이 담뿍 담겨 있었다. 아이들 셋이 나란히 다니지 못할 만큼 비좁았지만, 골목길은 늘 넉넉한 품을 가졌다.

골목길은 기다림이었다. 기다림에는 무언가에 대한 아련한 그리움이 묻어 있다. 기다린다는 것은 다가올 사람이나 일이 있다는 사실을 전제로 하며, 다가올 그 무엇을 머리와 마음에 새기기 때문에 더 큰 그리움이 된다. 그리움은 슬픔이 아니라 희망이다. 골목길에 대한 기다림과 그리움은 불쑥불쑥 나타났다. 기다림과 그리움 속에서 나의 몸도 부풀어가고 정신도 익어 갔다. 그래서 나는 매일 골목길을 찾았다.

우리들의 골목길이 사라지고 있다. 그 옛날에는 이웃집에 누가 사는지, 그 집에서 어제 무슨 일이 일어났는지 손바닥 보듯이 다 알 수 있었다. 우리 앞집에는 철수, 그 옆집에는 순희, 또 그 뒷집에는 명순이가 산다는 것을 다 알았다. 그러나 지금은 박근혜 대통령이 사는 청와대에 누가 다녀갔는지는 알 수 있지만, 밤중에 우리 동네 앞을 지나가던 구급차 사이렌 소리의 원인은 알지 못한다. 바로 이웃집 앞까지 작은 상점들이 즐비했지만, 그동안 많은 가게가 문을 닫아버려 밤에는 가로등 불빛만 있는 어두운 거리가 되고 말았다. 작지만 없는 물건이 없던 구멍가게, 미용실, 세탁소 등 그 많던 가게들은 모두 어디로 갔을까. 동네 구멍가게는 단순히 물건만 파는 곳이 아니라, 서로의 소식을 묻고 정보를 교환하며 세상살이의 어려움을 나누는 장소이기도 했다. 가게 주인들은 동네 친구나 선후배의 부모였고, 그곳에서 만나는 사람도 다 친밀한 사람들이었다. 길바닥에 물건을 펼쳐놓고 활기차게 손님을 부르는 노점상들, 작은 가게들이 옹기종기 모여 머리를 맞댄 골목길은 삶의 터전이었다.

골목길에 아이들이 없다. 그 많던 아이들은 모두 어디로 가버린 걸까. 골목길이 사라지니 고목나무 아래 모여 앉아 얘기를 나누던 이웃도 그들의 웃음소리도 사라져버렸다.

골목길은 아직도 내 삶에서 사라질 수 없는 기다림과 그리움의 공간이다. 긴 골목길을 빠져나오면서 되돌아보니 나비 한 마리가 내 유년 시절을 다 알고 있다는 듯 날갯짓을 하며 내 뒤를 따른다.

괘종시계 소리

우리 집 대청마루인 상방에는 커다란 괘종시계가 걸려 있었다. 그 시계 소리는 성당의 종소리처럼 은은하게 집안 곳곳으로 퍼져나갔다.

'데엥, 뎅, 데에엥~.'

나는 시계 소리를 들으며 흘러가 버린 시간을 생각하기도 하고, 할 일을 생각하기도 했다. 느릿하게 울리는 그 소리에 따라 내 생각도 덩달아 느릿하게 흘러갔다. 지금도 가끔 느긋한 성격이 나오곤 하는데 그건 아마도 어린 시절의 괘종시계 소리에 맞추어진 건지도 모르겠다. 그토록 느릿하고 여유롭게 흘러가던 시간은 모두 어디로 가버렸을까.

언제부턴가 나는 시간에 쫓기고 있었다. 아침에 일어나면 몇 시간이 금세 지나간다. 그 많은 시간이 어디로 다 가버리는지 하루가 한 달이 되고, 일 년도 눈 깜짝할 사이에 지나가 버린다. 내가 누릴 수 있는 시간이 얼마 남지 않았다고 생각될 때면 초조하다. 시간을 알리는 많은 시계가 나를 쫓아다니며 시간을 자꾸 앗아가고 있는 건 아닐까.

어린 시절에는 눈앞에 아득한 시간이 무한정 펼쳐져 있을 줄 알았다. 동네 올레에서 어머니가 나를 찾을 때까지 놀았고, 집으로 돌아가면서도 친구들과 내일을 기약하며 헤어졌다. 그러다 순진하던 아이가 여인으로 성장하면서, 그리하여 사람으로부터의 상처가 무엇인지 알게 되면서부터 시간은 나만의 것이 아님을 깨달았다.

사람들과 끊임없이 인연을 맺고, 그런 인연을 매끄럽게 맺으며 살아야 한다는 사실은 나를 일렁이게 한다. 시간이 태풍을 업은 파도처럼 거칠게 다가오면 입덧 같은 멀미로 헤맬 때가 많다.

한집에서 옹기종기 모여 살던 가족은 뿔뿔이 흩어져 버렸다. 부모님도 저세상으로 떠나버리셨고, 소꿉친구들도 육지로 외국으로 가버렸다. 자식 셋도 마찬가지다. 요즘은 그들이 꿈속에서 자주 보인다. 지난 시간이 그리워지는 나이에 이르러서일까.

부모님과 함께 살던 마당 넓은 집이 요즘 들어 유독 그리워진다.

우영팟(텃밭) 한구석에서 자라던 감나무며 통시 옆의 무화과나무, 동네 어귀의 커다란 팽나무가 눈에 선하다. 특히 옆집에서 심어준 감나무가 쑥쑥 자라 감나무꽃을 피웠고 그 꽃으로 목걸이를 만들어 놀던 기억은 더 새록새록하다. 내 키는 그대로인데 감나무는 쑥쑥 자라났다. 자고 일어나면 뭔가 달라져 있었고, 어디까지가 꿈인지 어디까지가 현실인지 잘 알 수 없었다.

언젠가 들러본 동네에는 감나무도 팽나무도 간 곳이 없다. 친구들과 함께 놀던 구불구불한 올레도 사라졌다. 아니, 동네 자체가 모두 사라져 그 옛날 정취라곤 어디에서도 찾아볼 수 없다. 그렇게나 아늑하고 평화롭던 동네엔 불빛 찬란한 음식점과 아파트들로 빼곡하다. 우리를 포근하게 감싸주던 달빛도 너무나 차갑고 시리게 느껴진다. 다시는 돌아올 수 없는 고향 동네가 아직도 가슴에 남아있는데, 그믐달은 벌써 저 너머로 사라져 가고 있다.

옛날 친구들도, 집들도, 골목도 사라졌다. 시간이 나를 버린 게 아니라 내가 시간을 잊고 살았던 걸까. 삶에 쫓기다 보니 그동안 나는 많은 것을 잊고 살았다. 뒷골목에서 시간 가는 줄 모르게 함께 뛰놀던 친구들이 그립다. 친구들과 헤어져 돌아올 때 골목에는 내 그림자가 길게 드리워져 따라오곤 했다.

하루하루가 급하게 돌아가지 않은 날이 없었다. 아침에 일어나면

부랴부랴 아이들을 챙겨 여기저기로 보내고, 직장으로 내달리고, 업무에 시달리다 퇴근하면 다시 아이들을 데려와야 하고…. 그렇게 허덕대다 보니 어느새 아득하게만 여겨지던 예순을 넘어섰다.

지금부터라도 좀 여유롭게 살아갈 수 없을까. 굴곡진 소용돌이의 삶을 살아왔으니 남은 생은 평탄한 삶을 갈망한다. 아니다. '나'를 위한 삶을 살고 싶다. 세상에서 가장 중요한 게 뭘까. 가족, 친구, 성공, 명예…? 어쨌거나 결국은 나 자신에게 귀결된다. 그 무엇도 내가 없으면 소용이 없다. 내가 없으면 저 찬란한 봄이, 녹음 짙은 여름이, 낙엽지는 가을이, 눈 내리는 겨울이 무슨 소용이란 말인가. 내가 없으면 활짝 피어 유혹하는 저 모란도 무용지물일 뿐이다.

이제 남은 시간이 별로 없고 마지막 남은 길은 외롭게 느껴진다. 인생은 결국 혼자 가야 하는 길이고 막막한 길이다. 단테의 《신곡》을 읽을 때 시작하던 첫 구절이 생각난다. "생의 절반을 보낸 나는 길을 잃고 홀로 어두운 숲에 서 있었다. 아, 그토록 음산한 숲을 어찌 말로 표현할 수 있으리." 그 길은 우리가 가야 할 마지막 길일지도 모른다. 프랑스의 작가 마르셀 프루스트도 《잃어버린 시간을 찾아서》에서 인생은 잃어버린 시간을 찾아가는 과정이며 시간의 흐름은 죽음을 향해 나아가는 길이라고 하지 않았던가.

한의원에 갔다. 맥박을 짚어보던 의사가 "심장 박동이 너무 빠르네요."라고 한다. 삶의 템포가 빨라서인가, 너무 초조해서인가. 내 몸은 왜 이리 빨리 돌아가는가. 잃어버린 시간이 아득하다. 그 옛날의 시계 소리가 그립다.

'데엥, 뎅, 데에엥~.'

괘종시계 소리는 지나간 그리운 시간과 지금의 일렁이는 시간과 미지의 시간을 알려준다.

나비의 꿈

오랜만에 맞은 휴일에 숲길을 걷는다. 온갖 꽃들이 잔치를 벌이고 있다. 숲길은 언제나 몸과 마음에 평화로움과 고요함을 가져다준다. 숲속에서는 꽃이 피고 새가 노래하고 나비들이 너울대며 대화를 나누자고 다가온다. 새들은 저마다 고운 목소리로 노래를 불러대고, 매미는 곧 다가올 죽음을 맞기 전에 짝짓기 상대를 구하려고 목이 터지라고 울어댄다. 온갖 야생화가 아름다운 자태를 뽐내고, 잡초들도 여기저기서 당당하게 자라나고 있다.

내 삶에서 참으로 행복한 시간은 이렇듯 혼자 조용히 자연의 숲속에 머물러 있을 때다. 숲속을 걷는 건 자신을 돌아보는 명상의 시간이

자 자연과 하나가 되어 마음의 눈을 뜨는 시간이다.

어디선가 숲의 고요와 평화를 깨뜨리는 휴대폰 소리가 요란하게 울려댄다. 기술의 발전과 함께 휴대폰이 아무리 발전해도 우리의 진정한 마음과 마음을 이어주지는 못한다. 휴대폰 통화와 동영상, SNS에 밀려 편지는 사라진 지 오래고, 아이들의 손에서 연필과 크레파스가 사라지고 있다.

사람들은 정신없이 앞만 보고 달리며 푸른 신호등만 켜지길 기다린다. 수백 명의 생명을 앗아간 '세월호 사건', 한순간을 참지 못해서 가족과 동료를 해치는 엽기적인 사건들…. 도대체 그런 비인간적인 죄악과 타락은 언제면 사라질 것인가. 죽어서도 죄는 남는다고 했는데 이승에서 지은 우리의 죄악을 저승에서는 갚을 수 있을까.

우리는 가슴 속에 소중하게 간직해야 할 것들을 내던지며 살아간다. 숲속에 핀 들꽃에 말을 걸어보라. 응대하는 소리가 들린다. 나무를 꼭 껴안고 오래 서 있어 보라. 나무의 가슴 떨리는 고백이 들린다. 숲속에서는 꽃과 나무, 새와 나비가 모두 나의 벗이다. 나비 한 마리가 살포시 날아와 내 손등에 내려앉는다. 알은 체를 하자, 나비는 놀라 근처의 봉숭아 꽃잎으로 가 사뿐히 앉는다. 그 모습에서 어머니의 자태를 본다.

어머니는 한복을 입은 자태가 기품있고 봉숭아 꽃물을 들인 손이

고왔다. 가난하지 않은 집안에서 자란 덕인지 하얀 얼굴엔 늘 미소가 어리고 있었다. 하지만 세상을 먼저 떠난 자식이 생겨나면서 앓는 날이 많아져 갔다.

우리는 몰랐지만, 위장병으로 시달렸고 어머니의 손에서 꽃물은 사라졌다. 설상가상으로 아버지까지 간을 앓았고 어머니는 지극정성으로 아버지를 돌봤다. 아버지는 차츰 회복되어 갔지만, 어머니의 위장은 들쥐의 송곳니로 무참히 갉아 먹히고 말았다.

그렇게 떠나신 어머니를 우리 형제들은 늘 그리워했다. 구름 속에 숨어 있다가 간혹 얼굴을 드러내는 하얀 낮달을 보면 어머니가 생각났다.

지난봄에 동생들과 성묘하고 음식을 먹을 때, 나비 한 마리가 우리 주위를 계속 맴돌았다. 우리는 이 나비가 어머니의 영혼이 아닐까 생각했다. 그렇지 않고서야 나비가 우리를 저리 반길 수 없다는 것이다. 자식들이 왔음을 반기듯 나비는 우리 곁을 좀처럼 떠나지 않고 맴돈다. 자식들이 밥을 잘 먹어가면 그렇게나 행복해하시던 어머니. “어머니, 이리 오세요.” 하니까 신기하게도 내 근처에 와서 앉았다 날았다를 반복한다. 가슴이 메어오면서 눈물이 터져 나오고 말았다. 우리는 산소를 자꾸자꾸 뒤돌아보며 내려왔다.

어머니는 세월이 흐를수록 어린 시절 도화지에 그렸다가 지워진

꽃 그림처럼 안타까운 모습으로 남아있다. 흘러가는 강물과 사라져간 꽃향기는 모두 바람처럼 흘러가 버렸지만, 어머니는 오랜 기다림이며 그리움이 되어 늘 그 자리에 그냥 계시다. 기다림과 그리움은 낮의 일상과 긴장을 풀고 밤의 안락과 고요 속으로 빠져드는 순간과 같은 거다. 지난 하루 동안 일상의 고통과 아픔은 밤이 되면 어머니의 따뜻한 품속에서 녹아들곤 한다.

우리에게서 어머니가 떠나갔듯이 나비도 자꾸 우리 곁을 떠나고 있다. 나비는 세상의 혼돈과 소음을 싫어한다. 이 꽃 저 꽃 다니며 수분受粉을 나누어주면서 온갖 새로운 생명의 탄생을 기약하고 축복한다. 연약하면서도 한없는 사랑으로 꽃에 보시布施를 베풀고 만물의 전령사가 되어준다. 그러면서도 나비는 이 세상의 모든 소리를 피해 정적 뒤로 숨는다. 소음에서 도피하고자 하는 건지 고요를 편애하는 건지 알 수 없지만, 나비는 세상의 모든 혼돈으로부터 은둔하고자 한다.

세상은 갈수록 섬을 집어삼킬 듯이 밀려오는 태풍 같은 혼돈과 소음 속으로 빠져들고 있다. 보잘것없는 그림자에 불과한 나비는 이제 태풍이 휘몰아치는 바다에 무력하고 외롭게 서 있는 등대처럼 자신의 신세가 슬프다.

멀리 한라산에 노을이 지기 시작한다. 해가 지고 나면 산골 동네에는 평화와 고요가 찾아올 것이다. 산골의 밤은 언제나 평화롭고 여유롭다. 어두운 밤하늘의 달과 별은 멀리 개 짖는 소리를 들으면서 주변을 밝혀준다. 어두운 길 위에서 나비는 제 갈 길을 잃은 채 어딘가를 서성이고 있을 것이다. 나비의 등에는 시린 초승달이 새파랗게 걸려 있다.

주머니 속에서 갑자기 휴대폰의 수신음이 시끄럽게 울린다. 굉음에 놀라 어디선가 꿈꾸며 날아다니던 나비는 온몸을 부르르 떨며 어디론가 떠날 채비를 한다. 드리워지는 산 그림자가 동네를 길게 물들이고 있다.

바다로 가는 목마

병원의 컴퓨터 화면에 흉한 몰골이 떠 있다. 눈은 움푹 들어가고 툭 튀어나온 턱뼈와 문드러진 코, 앙상한 가슴뼈와 어깨뼈…. 오른쪽 팔을 움직일 수 없어서 어깨뼈를 촬영했는데 정작 거기는 보이지 않고 해골 같은 모습만 다가온다. 내가 죽어있는 존재 같아 참 낯설다. 의사는 "어깨 회전근 파열이 의심되니…." 하면서 설명하고 있지만, 어떤 말도 들어오지 않고 내 의식은 오직 저 해골 같은 모습에 머물러 있을 뿐이다.

뼈대만 우두커니 남아있는 모습. 저기에는 어지러운 상념도, 어떤 고통도 없는 것 같다. '나' 속에 내가 보이지 않는 허상, 저게 진정 내 실재實在란 말인가. 생명 있는 사람인지 생명 없는 목마인지 분간할 수 없다. '나'라는 존재를 말할 때는 나를 느낄 수 있어야 하는데 저건 내가 아니다. 만약 저 뼈대에 근육과 살가죽을 씌운다면 '나'로 느낄 수 있을까? 그래도 낯선 존재일 것 같고, 그건 악몽을 꿀 때도 마찬가지다.

칙칙폭폭, 기차가 숲을 가로지르며 구불구불 빠르게 달리고 있다. 지붕도 난간도 없는 기차가 사람을 잔뜩 싣고 컴컴한 터널로 들어간다. "아아악 아악 아아악~!!" 사람들이 비명을 지르자 나도 덩달아 비명을 지르고 있었다. 터널을 빠져 나와 보니 옆자리에 앉아있던 어린 손녀가 없다. "첼시야아~~." 목이 터지라 부르지만, 아무도 없는 숲속엔 두려움을 담은 목소리만 메아리로 퍼진다. 악몽에서 깨어나려고 몸부림쳐도 소용없었다. 꿈은 어떻게 조작할 수도 없고 깨어나고 싶을 때 맘대로 깨어날 수 있는 대상도 아니다. 꿈은 대체 어디에서 오는 걸까. 정신이 먼저인가, 몸이 먼저인가.

나라는 존재 건너편에는 항상 타자가 존재하듯이, 꿈속에서 메아리가 된 채 돌아다니던 내 목소리 또한 타자처럼 느껴졌다. 평소의 내 목소리가 아닌, 기계에서 나오던 이상한 목소리처럼 말이다. 어느 게 진짜 내 목소리인가. '나'는 있는데 내가 따로 노는 현상을 어떻게 설명해야 할까. 정신은 내 안에 있는데 몸은 따로 존재하고 있을 때가 있다.

얼마 전에도 몸이 내 통제 밖에 있은 적이 있었다. 새벽에 고사리를 꺾으러 갔다가 곤두박질을 치는 바람에 가슴뼈와 어깨뼈를 다쳤기 때문이다. 어깨에 큰 주사를 맞고 전기치료와 초음파에 이어 온몸에 침이 숱하게 꽂혔다. 얼굴뿐만 아니라 발가락과 손가락, 다리, 손목…. 옴짝달싹 못 하는 나는 죽은 목마가 되어 있다.

시간이 흘러 간호사가 침을 뽑고 돌아갔다. 이제 일어나 외출복으로 갈아입어야 하는데 몸이 말을 듣지 않는다. 의식은 열려있이 멀쩡한데도 손끝 하나 까딱할 수 없다. 한참 후에 물리치료사의 도움으로 간신히 일어나긴 했지만, 그 후로는 약간의 징후만 와도 겁부터 더럭 난다. 몸에는 우리가 포착할 수 없는, 우리의 의식만으로는 통제할 수 없는 구석구석이 많은 것 같다.

요즘도 잠자리에 들면 몸을 뒤척일 수 없고 숨쉬기조차 힘들 때가 있다. 몸속의 반란자들이 나를 갉아먹고 있다는 망상에 빠지기도 한다. 두어 달 이어지는 불면증으로 정신과 육체가 와르르 무너져서 피폐할 대로 피폐해진 상태다. 잠자리에 누워 눈을 꼭 감고 기도를 하다가 겁이 덜컥 날 때가 있다. 그동안 누적된 수면 부족을 보충하느라 잠이 한꺼번에 몰려오면 깊은 잠에서 영영 헤어나오지 못할까 봐서다. 설마하니 눈꺼풀이 오래 닫혀 있다고 해서 그런 일이 일어나진 않겠지. 저녁에 지는 해도 붉은 기운이 오랫동안 남아있다가 그 기운으로 아침에 다시 뜨지 않는가. 먼 이국땅에 자리 잡은 아이들이 보고 싶다. 손주들의 웃음소리가 귀에 쟁쟁하다. 어쩌면 우리는 농축된 삶의 기억을 자양분으로 삼아 살아가는지도 모를 일이다. 만약 이대로 생을 마감할지라도 이승에서의 추억을 고스란히 품어 안고 경계를 넘고 싶다.

몸과 마음, 삶과 죽음의 '경계'에 대해 생각해 본다. 모든 존재는 경계를 지니고 있다. 땅과 바다도 경계가 있고 그 경계를 넘나들며 세계를 만든다. 바다를 건너서 육지로 가는 일은 땅과 바다, 정신과 육체, 생명과 죽음의 경계를 넘나드는 일과 같다. 땅과 바다의 경계를 넘나들 듯이 우리도 삶과 죽음의 경계를 숱하게 넘나들고 있지 않을까.

이제 어깨뼈가 거의 회복되어 날개가 소생되었다. 다시 세상에 나다니고 싶어 날개를 조심스럽게 퍼덕여 본다. 느린 날갯짓으로 다녀서인지 여태 보지 못한 것들이 눈에 많이 띈다. 디지털 세상이라 즐길 일이 천지에 널려 있는데 몸과 마음이 아픈 사람 천지다. 조그만 실수로도 금세 부서져 내릴 육신을 안고 디지털 세상에 맞춰 허위허위 좇아가고 있다.

우리는 주어진 배역에 따라 열심히 살아가고 있을 뿐인지 모른다.

내 인생에서의 진정한 배역은 뭘까. 나는 진정 누구이고 어디로 갈 것인가. 문득 바다가 보고 싶어진다. 부서지지 않고 깨지지 않고 늘 살아 있는 바다. 나는 자동차를 몰고 바다로 달려가는 중이다.

선 긋기

아침부터 부산을 떤다. 오랫동안 만나지 못하던 소꿉친구를 만나는 날이다. 사십여 년이란 세월이 친구를 어떻게 바꿔놨을까. 어린 시절 잠시도 떨어지지 못하고 친하게 지내던 친구라 더욱 궁금하다.

여느 때와 달리 화장에 정성을 들인다. 그런데도 얼굴의 굴곡은 감추어지지 않는다. 반평생 학생들을 가르치고 아이 셋을 키우고 부모님과 영원한 이별을 하는 동안, 주름만 노장군의 훈장처럼 고스란히 남아있다. 얼굴에 새겨진 주름은 살아오면서 내가 만들어온 삶의 선線이 아닌가 하는 생각이 든다.

세월의 흐름은 팽팽하던 얼굴에 하나둘 선을 그려 놓고 말았다.

그러고 보면 주름이 늘어난 만큼이나 마음도 느슨해져 있음을 느낀다. 똑똑한 사람의 뇌에는 주름이 많다고 하던데, 나이가 든 사람의 주름진 뇌에는 배려심도 들어있을 것 같다.

나이 육십 줄에 들어서면서 세상과 사람을 보는 새로운 눈이 하나 생겼다. 사소하게 보이던 것들이 특별하게 다가오고, 손가락질을 당하는 대상에도 나름의 까닭이 있을 거라고 여겨진다. 조금씩이나마 인간미 넘치는 눈이 생기는 것 같다. 내 나이 일흔, 여든 살이 되면 삶을 바라보는 눈이 지혜로워지기는 할까. 오랜만에 만날 친구의 얼굴은 어떻게 변했는지 빨리 만나고 싶다. 갑자기 어린 시절의 그녀가 떠올라 웃음이 나온다.

나는 또래보다 한 살 어린 나이에 초등학교에 들어갔고 체구도 작았을뿐더러 학습도 부진했다. 반면에 내 짝꿍인 그녀는 공부도 잘하고 체구도 커서 부러움을 샀다. 그녀는 걸핏하면 나를 못살게 굴었는데, 어느 날은 책상 한가운데 그어진 선을 칼로 깊게 파내어 내 물건이 조금이라도 넘어가면 찢거나 내동댕이쳤다. 그런 일은 비단 책상 위에서만 일어나는 게 아니다. 책상 밑에서 내 다리가 조금만 넘어가도 무릎으로 치면서 험악하게 말했다.

"너 또 삼팔선 넘어오민, ㄱ만 안 두커라이!"

깊게 파인 그 '선'은 절대 넘어가면 안 되는 불가침 영역이었다.

사이가 좋을 때는 사라졌던 선이 사이가 틀어지면 섬뜩한 위력으로 다가오는 것이다. 그것은 내가 넘어서는 안 될 경계이고 구역의 표시였으므로 나는 늘 긴장한 채 움츠려 있었다. 선의 한계를 뛰어넘는 건 곧 금기를 깨뜨리는 일이었기 때문이다.

친구를 만나기 위해 집을 나서는데 휴대폰이 울린다. 친구의 언니다. 동생이 병원에 실려 와 만나지 못할 거라고 전한다. 어머니처럼 지내던 아줌마가 수억의 돈을 챙기고 돌연 행방을 감춰버렸다는 것이다. 친구는 부모를 일찍 여의는 바람에 아줌마를 어머니처럼 의지하며 모시고 지냈다. 그런 아줌마가 친구의 전 재산을 가지고 잠적했으니 혼절할 만하다.

친구는 매사에 적극적이어서 천성적으로 그렇게 태어난 아이 같았다. 사납긴 했어도 내가 숙제를 해결하지 못해 쩔쩔매고 있으면 후딱 해결해줬고, 누구한테든 어려운 일이 생기면 얼른 달려가 도왔다. 어른이 되어서도 언제든 남의 일에 발 벗고 나서서 돕다가 사기를 당했고, 결국 이혼을 당하고 말았다.

그 상처가 채 아물기도 전에 이번에 또 이런 일을 당했으니 그 심정이 오죽할까. 몸에 난 생채기는 아물기 쉽지만, 마음에 난 상처는 다르다. 얼마 전에 가시오이를 따다가 가시가 손톱 밑에 박혀 쓰라렸지만 약을 바르니 쉽게 아물었다. 하지만 친구가 당한 배신감은 쉽게 아물지 않을 것이다.

그녀는 사람들과 관계는 잘 맺지만 선 긋기를 잘하지 못해서 어려움을 겪고 있다. 내 선과 다른 사람의 선을 제대로 긋지 못하면, 경계가 쉽게 무너지고 말 것이다. 경계를 넘나드는 일에는 위험과 고통이 따른다. 눈에 보이는 경계만이 문제가 아니다. 사람과 사람의 관계에도 엄연히 침범할 수 없는 경계는 존재한다. 눈에 보이지 않는 선이기에 어떤 물리적인 경계보다 완고하고, 그 경계를 함부로 허물다가는 위험이 따른다.

사람들 사이에는 어느 정도의 강이 필요하다. 강이 놓여 있으면 조심해서 건너지 않겠는가. 강이 가로막는다고 불평하지 말고 조금 떨어져 기쁨과 슬픔을 공유하는 그런 사이면 좋겠다. 인생의 강을 건너면서 그어진 경계를 억지로 넘으려 하지 않는 게 좋지 않을까. 친구의 얼굴에 길게 드리워질 시름을 생각하니 가슴이 아려온다.

어수선한 마음이 진정되지 않아 마당을 서성이고 있다. 화단의 꽃들을 들여다보고 있으니 어지러운 마음이 조금은 진정되는 듯하다. 화단에서 바라보는 꽃들은 언제 보아도 넉넉하고 풍요롭다. 화단의 봉숭아꽃에 벌이 앵앵거리면서 대롱을 들이대고 있다. 한동안 봉숭아꽃에서 꿀을 열심히 빨던 벌이 어디론가 날아간다. 하지만 꽃은 벌이 멀리 날아간다고 서운해하지도, 벌이 오지 않는다고 안달하지도 않는다. 빨리 만나자고 조급해하지도 않는다.

꽃은 찬란하게 피어있을 때나, 때가 되어 떨어질 때도 자신의 것만 지키고자 하거나 남의 것을 탐하지 않는다. 저 꽃과 벌처럼 인간도 굳이 선을 긋거나 경계를 두지 않고서도 잘살 수 있다면, 세상이 얼마나 넉넉하고 아름다워질 것인가.

풀꽃 향기

일 년여 중단했던 요가를 시작했다. 요가원 문을 열고 살며시 들어서는데 몇 분이 따듯한 눈인사를 보내온다. 눈길로만 인사하고 원장님 자세를 보면서 가부좌로 어정쩡하게 앉았다. 명상에 들어가야 하는데 여러 가지 일 때문에 마음이 어지럽다.

"잡다한 생각에 빠져들지 말고 마음속 번뇌를 걸러내십시오. 집안 청소보다 더 중요한 건, 마음의 청소입니다. 나에게 상처를 주는 사람은 타인이 아니고 나 자신이라는 사실을 알아야 합니다."

원장님 말씀이 부처님 말씀처럼 홀 안 가득 울려 퍼진다. 안정된 자세로 앉아 들숨을 깊게 들이쉬고 날숨은 길게 천천히 뱉고 있다.

반복되는 긴 호흡으로 마음이 편안해진다. 하지만 웬걸, 엊그제 사무적인 일 때문에 옥신각신했던 일이 떠올라 마음이 복잡하다.

"들숨 날숨을 좀더 길고 깊게 쉬면서 가슴 속에 평화로운 숨결이 흐르게 하십시오. 나쁜 감정에 휘둘리지 않으려면 재물이나 명예에 대한 욕심도 버리고 마음을 비워야 합니다."

좋은 말씀이 이어지는데도 머릿속에는 잡다한 상념이 떠다니고 있다. 난데없이 L가家의 '형제의 난'도 등장한다. 그들이 싸우건 말건 상관할 바 아니지만 끝없는 재산 싸움에 씁쓸하다. 부와 명예, 권력에 대한 탐욕의 끝은 대체 어디까지일까. 진흙탕 싸움으로 가족 간의 온기는 온데간데없다. 크고 작은 상처를 다스리면서 살아가는 게 인생이긴 하지만, 깊은 상처를 주는 사람이 가족이라면 가슴이 아리다.

얼마 전에 나도 가족 간에 불협화음을 겪었기에 L가家의 갈등이 더 와닿는지 모르겠다. 아무리 애써도 서운함은 쉬이 가라앉지 않는다. 세상에서 가장 친한 형제지간이라도 함부로 내뱉는 말은 상처를 주기 십상이다. 그런데 하물며 남은 말해 무엇하랴.

자신을 돌아본다. 폭풍 같은 말을 함부로 쏟아부었던 적이 어디 한두 번이었던가. 우리가 타인에게 겁 없이 내뱉는 말이 증오를 낳을 수 있다. 세상의 수많은 갈등은 언어의 일탈과 유희에 의한 것이다. 말은 소통의 도구이면서 불통의 씨앗이 되기도 한다. '바벨탑의 언어'

이후로 언어가 거대한 말의 향연을 벌이고 있는 것 같다.

어느 심리학자는 긍정적인 말에는 긍정적인 행동이 따라오고, 부정적인 말에는 부정적인 행동이 뒤따른다고 했다. 처음부터 악의를 가지고 말하고 행동하는 사람은 드물겠지만, 잘못된 생각에 빠지면 어떤 말도 함부로 하게 된다.

엊그제도 팍팍한 감정으로 인해 가족 간에 거친 말들이 오간 것 같다. 서운함과 부정적인 생각을 한풀 벗겨내서 조만간 만나봐야겠다. 머릿속이 조금 맑아진다. 사방이 고요하다. 평화롭다. 그때 옆자리에서 갑작스레 휴대폰이 울려 마음이 흐트러진다.

"외딴 소리보다 내 몸의 소리에 귀를 기울이십시오. 휴대폰은 때때로 완전히 내려놓을 수 있어야 합니다." 휴대폰은 이제 생활의 일부가 되어 너나없이 폰에 끌려다니고 있다. 하지만 얼마 전에 큰 경험을 한 적이 있다. 폰이 갑자기 먹통이 된 것이다. 통화를 할 수 없는 것도 문제였지만 그 안에 각종 정보가 들어있어 안절부절 어쩔 줄 몰랐다. 바삐 수리를 하러 가야 하는데 폭설로 길이 통제되니 어쩔 것인가.

처음엔 발을 동동 굴렀지만, 며칠이 지나면서 차츰 편안해졌다. 칡넝쿨같이 얽혀있는 세상, 빠르게 돌아가는 세상과 마주치지 않아서였나. 큰일이 벌어질 것 같았지만 은둔의 시간이 열흘 가량 이어졌는데도 아무 일이 일어나지 않았다. 정말 오랜만에 찾아온 정적과 여유로움을 맛본 셈이다.

그 후로는 가끔 휴대폰을 끄고 다닌다. 혼자만의 시간을 갖는 재미가 쏠쏠하고 무엇보다 홀가분해서다. 하지만 세상은 나를 비우면서 느리게 살도록 가만히 두지 않을 것이다. 날이 밝으면 나는 휴대폰을 다시 켜서 카톡부터 확인해야 한다.

상념에 젖어있노라니 어느새 요가 마무리 시간이 되었다. 모포를 덮고 몸을 느슨하게 풀어 시체 자세로 편안하게 눕는다. 낮에는 내 에너지가 삶의 소용돌이 속에 휘말리기 일쑤인데 누운 자세에서의 에너지는 신기할 정도로 정신을 집중시킨다. 근원을 알 수 없는 희열이 온몸으로 퍼져나가, 자신의 몸에 흐르는 에너지가 살아나고 있음을 느낄 때도 있다.

인체는 너무나 세밀하고 신비해서 다 볼 수가 없다고 한다. 인체를 연구하는 학자들에 의하면 연구하면 할수록 그 속에서 우주의 신비감을 느끼게 된다고 한다. 그래서 인체는 소우주라고도 일컬어진다. 머리에서부터 발끝까지 모든 신체의 하나하나가 신비하고 오묘하기 이를 데 없다. 신체를 구성하는 세포의 세계를 들여다보고 뇌와 심장과 눈과 귀와 입의 조직들을 조금이라도 구체적으로 이해하고 나면 창조주의 전능하신 지혜에 경외감을 느끼지 않을 수 없게 된다. 세포 하나는 수억 개의 원자로 이루어져 있고 이들은 일 초 동안 셀 수 없는 작동을 한다. 어찌 인간의 인체만 그러할까. 세상의 모든 식물과 동물도 그러하지 않을까.

산과 들에서 자라는 식물에 관심을 가지면 그들은 모름지기 우리에게 행복을 안겨준다. 그들을 바라보고 있노라면 세상의 모든 번거로움은 하찮고 우습기 짝이 없다. 신비로운 본질을 지닌 풀꽃을 통해 생명의 신비와 죽음을 알 수 있는 것이다. 모든 생명은 강인한 삶의 방식을 지니고 있다.

내가 요가를 하지 않았다면 몸과 마음의 문을 닫고 생명 없는 삶을 살았을지 모른다. 요가는 내 육체를 열리게 하는 언어다. 내 무릎이나 등, 허리와 가슴의 모든 곳에 정신과 피를 흐르게 하여 노래하게 한다. 요가는 참된 생명의 힘을 얻기 위한 노력이다. 공중으로 몸을 띄우거나 손바닥에 씨앗을 올려놓고 싹을 틔우는 신비한 능력을 보여주는 사람도 있다. 요가의 스승인 요기들은 이런 신비한 능력을 얻는 것은 마음을 통하여 이루어진다고 가르친다. 하지만 이런 생명의 힘을 남용해서는 안 된다. 개인적인 목적에서 힘을 얻고 잘못 사용하면 자신을 파멸로 이끄는 오늘날 힘 있는 자들의 모습과 다르지 않다.

들판에서는 한 줌의 흙을 담고 몇 포기의 풀꽃이 자라고 있다. 무표정하게 보이지만 그 속에서는 세월이 영글어가는 중이며 생명이 자라고 있다. 가을은 오름 꼭대기에 살포시 내려앉아 드르(들판)를 향해 살금살금 내려온다. 나뭇잎이 붉게 물드는 풍요로운 계절은 마을까지 내려와 집안으로 스며든다. 누가 가꾸지 않아도 계절은 우리의 산하를 곱게 장식하고 있다. 그것은 모두 생명의 힘 때문이다.

요가원 정원의 풀꽃 향기가 창문으로 흘러들어 온다. 이 생명의 향기는 서서히 몸과 마음에 스며든다. 요가를 하면서 배운 생명의 미학이 갈수록 내 몸과 마음을 생기있게 만들고 있다.

주인 잃은 자전거

아직도 나는 자전거를 타지 못한다. 그러면서도 어린 시절부터 걸핏하면 자전거를 타고 어딘가로 떠나는 꿈을 꿨다. 자전거를 타고 바다 건너 어디론가 떠나기도 했고 달나라를 향해 날아가는 꿈을 꾸기도 했다.

자전거는 내 꿈과 추억이었으며 아픔이었다. 자전거를 타고 싶었지만, 우리 집엔 자전거가 없었다. 여자애가 치마를 펄럭대며 자전거를 타고 다니는 걸 용납하지도 않으셨거니와 자전거 얘기만 꺼내도 불호령이 떨어졌다.

자전거는 아련한 추억을 불러일으킨다. 지난 시간을 되돌릴 수 없듯이, 이젠 자전거를 탄다는 게 엄두가 안 나서 더 그런지 모르겠다. 내 오른쪽 무릎에는 흉터가 남아 있다. 열 살경에 동네 오빠로부터 자전거 타는 법을 배우다가 생긴 상처다.

오랜 연습 끝에 이제는 혼자서도 제법 잘 탈 수 있다는 생각이 들어 혼자 자전거에 올랐다. 코스모스와 감나무 이파리도 바람에 일렁이면서 함께 달려주니 더욱 신바람이 났다. 푸르른 세상은 온통 나를 위한 세상 같았다. 그렇게 쌩쌩 달리다가 운동장 한 모퉁이에 있던 시소에 부딪혀 나뒹굴고 말았다. 그때 겪은 사고 때문인지 우리 집에서 자전거 얘기는 더욱 금기시되었고, 그럴수록 자전거에 대한 열망은 사라지지 않았다.

아이들과 뒷골목에서 놀던 시절, 자전거를 마음대로 타고 다니는 친구가 부럽기만 했다. 친구들이 타고 달리던 빨강, 파랑, 노랑 자전거는 오랜 기다림 끝에 찾아오는 무지개와 같은 거였다. 파란색 자전거를 타고 달리는 친구를 보면 하늘을 날거나 물결이 찰랑대는 바닷속을 달리는 기분이 들었고, 노란색 자전거를 타고 달리면 노랑나비와 날아다니는 것 같았다.

하지만 하얀 자전거를 타고 달리는 친구를 보면, 그들이 저 멀리 어딘가로 훨훨 날아가서 다시는 돌아오지 못할지 모른다는 엉뚱한 생각이 들었다. 하얀 자전거를 보면 먼저 저세상으로 떠난 동생 생각이 떠올랐기 때문이다.

내가 여섯 살 때 태어난 남동생은 워낙 잘생겨서 사람들의 부러움을 독차지했다. 아기는 하루가 다르게 쑥쑥 자라서 걸음마를 떼자마자 아버지가 하얀 자전거를 사 왔다. 마침내 아기 혼자서 뒤뚱대며 자전거 바퀴를 몇 번 굴리자 동네 사람들이 "와아~." 하며 보내주던 박수 소리가 지금도 잊히지 않는다.

남동생은 보물이었다. 무엇이든 잘 먹어 발달 속도가 빨랐고 주위에서는 아기를 우량아 선발대회에 보내라고 성화였다. 그러나 좋은 일이 있으면 나쁜 일이 이어진다는 호사다마好事多魔는 동생에게도 어김없이 닥쳤다.

온 동네 사람의 사랑을 받으며 잘 자라던 아이가 어느 날 갑자기 열이 펄펄 끓어 동네 한의사가 달려왔다. 한참 동안 진맥을 짚고 침을 놨지만, 별다른 차도가 없자 다음날은 칠성통에 있는 병원으로 달려갔다. 검사를 마친 의사는 단순한 감기 증세라며 주사를 한 대 놔줬는데 밤이 되자 아이가 축 늘어졌다고 한다. 할 수 없이 밤중에 병원 문을 두드렸고 결국 폐렴 진단이 나왔다. 항의하는 어른들에게 처음엔 쩔쩔매던 의사가 나중엔 아기가 너무 면역력이 없어 그렇다며 큰소리를 쳤던 모양이다.

어쨌든 동생은 일주일 만에 저세상으로 떠나고 말았다. 흰 눈이 펄펄 내리던 날 동생과 함께 하얀 자전거도 세상에서 사라졌다. 동생에 대한 아픈 기억 이후 나는 자전거를 타고 다니는 꿈을 꾸곤 했다. 영화 〈이티〉에서 자전거를 타고 달나라로 날아가는 장면을 잊을 수 없다. 자전거를 타고 달나라로 날아오르는 이티의 모습은 환상적이었다. 시끄러운 세상을 떠나 아이들과 자전거를 타고 달리는 꿈을 꾼 날에는 아이들이 예사롭게 보이지 않았다.

딸을 보러 갔던 호주에서 만난 자전거가 생각난다. 큰딸의 집에서 멀지 않은 시드니의 대로변 한구석에 자전거 한 대가 서 있었다. 처음에는 대수롭지 않게 봤지만 언제나 같은 장소에 변함없이 묶여 있는 자전거를 보면서 저게 어느 예술가의 작품인지, 아니면 자전거 주인이 놔두고 간 자전거인지 궁금하기 짝이 없었다. 그러던 어느 날 자전거 가까이 다가가 팻말에 적힌 글을 보게 되었다. "내 남편 톰 크루즈는 저를 구하느라 마주 오던 트럭에 치여 운명했습니다. 여보, 사랑해요. 천국에서 만납시다. 2010년 8월 30일 당신의 아내 제인 크루즈." 아내가 사랑하는 남편을 그리워하며 그의 자전거를 길가에 묶어둔 것이다.

호주에서 보았던 자전거는 누군가의 기다림이 되어주기도 하지만, 누군가의 그리움이 되어주기도 한다. 가끔 자전거 둥근 바퀴 사이로 지나온 시간을 되돌아본다. 두 바퀴가 구르는 윤회 속에는 아득한 기다림과 그리움의 시간이 모였다 흩어진다. 삶의 흔적과 같은 자전거는 시계의 태엽을 되돌리듯 새로운 시간을 향하고 있다. 시간도 흐르고 물도 흘러가지만 지나온 삶의 흔적은 자전거의 발자국처럼 우리 마음속에 그대로 남아있다. 오늘도 자전거는 달리지만, 인연의 고리는 멀리 제각각 흩어져 있다.

우리는 목마른 그리움으로 살아간다. 그러면서도 어깨를 부여안고 의지하며 살아가는 세상이 얼마나 아름다운지 모른 채 살아간다. 수많은 시간의 흐름 속에서 내가 만난 인연이 어찌 소중하지 않으랴. 지난 시절 내게 환한 웃음을 보내주던 어린 동생이 그립고, 떠나버린 가족이 그립고, 첫사랑을 이야기하던 친구가 그립고, 이제 막 걷기 시작한 자식의 자식이 더없이 그립다. 그들과 함께 자전거에 나란히 올라 어디로든 달려가고 싶다. 세상의 모든 아픔과 단절의 굴레를 풀고 영원으로 향하는 자전거를 타고 말이다. 정거장과 이정표가 없어도 끝없이 달리는 두 개의 바퀴처럼, 자전거를 타고 저 하늘과 바다로 이어지는 영원의 길로 날아가고 싶다.

산책하러 간 공원 입구에 자전거가 한 대 서 있다. 버려져 낡은 듯했지만 가까이 가보니 아직도 쓸 만한 자전거다. 주인 잃은 자전거는 지나간 시간을 생각하듯 망연히 서 있다. 바람에 날려 온 쓸쓸한 가을 낙엽이 자전거 위에 툭 떨어진다.

갈대

파스칼은 그의 저서 《팡세Pensees》에서 이렇게 말했다. "인간은 한 포기 연약한 갈대에 지나지 않는다. 모든 자연 중 가장 약한 존재다. 그런 그것은 생각하는 갈대다. 인간을 쓰러뜨리기 위해 전 우주가 무장할 필요는 없다. 한 가닥의 증기, 한 방울의 물만으로도 충분히 죽일 수 있다. 그러나 우주가 그를 쓰러뜨린다 해도 인간은 자기를 죽이는 자보다 고귀하다."

그렇다. 파스칼의 말대로 인간은 모든 자연 만물 중에서도 가장 약한 존재지만 가장 고귀하고 강한 존재다. 독수리처럼 하늘을 날지도 못하고 사자처럼 용맹하지도 못하며 고래처럼 바다를 헤엄칠 수도 없다. 추운 겨울을 견딜 수 있는 두꺼운 털도 걸치지 못했을 뿐만 아니라 자신을 노리는 짐승을 멀리서부터 내다볼 뛰어난 시력도 갖고 있지 않다. 그러나 보잘것없는 육신의 소유자인 인간이 우주 전체보다도 더 고귀하다고 파스칼이 말하는 이유는 무엇인가.

그것은 인간이 자연과 우주의 역사를 정복해 왔기 때문이 아니다. 인간은 아무리 발버둥을 쳐도 무한한 우주를 다 채우지 못한다. 인간이 고귀한 건 오직 그가 생각할 줄 알기 때문이다. 독수리가 아무리 날쌔고 사자가 아무리 용맹하고 고래가 아무리 힘세도 인간처럼 사고할 수는 없다. 그러기에 그들은 인간을 당해낼 수 없다. 우주가 아무리 광대무변하더라도 우주는 생각하지 못한다. 인간은 우주의 원리를 탐색하면서 그 원리에 맞게 서로 조화를 이루며 살아가고자 애쓸 뿐이다.

낙원을 잃은 이후 인간은 우주를 알게 되면서 동시에 자신의 왜소함을 알게 되었다. 우주는 수천억 개의 은하로 이루어져 있고, 은하는 수십억 개의 항성으로 이루어져 있으며, 그 속에 태양이 있고 지구가 있으며 지구는 여덟 개의 행성 중 하나에 불과할 뿐이다. 지구에는 도시가 있고, 집이 있고, 그 속에 내가 있다. 그리고 우리는 그 속에서 아옹다옹 살아가고 있다. 이렇게 보면 인간이란, 이 광막한 우주 속에서 갈대는 고사하고 하나의 티끌만도 못한 존재가 아니겠는가. 내가 한없이 작아진다.

'인간은 생각하는 갈대다.'라는 말은 현대 인간의 실존적 모습을 잘 말해 준다. 갈대는 힘없고 나약한 존재를 의미한다. 갈대는 바람에 흔들리며 이쪽저쪽으로 자주 방향을 바꿀 수밖에 없다. 마찬가지로 인간은 상황의 변화에 따라 다양하게 생각하며, 자신의 생명을 지켜나간다. 그런데 여기서도 여자와 남자는 다르다. 남자는 단선적이고 융통성 있는 사고를 잘하지 못하는 반면, 여자는 다양하고 복합적인 사고에 익숙하다. 인간의 이런 다른 모습에 의해 인류의 삶은 이뤄온 것인지 모른다.

인간은 불을 발견하고, 언어를 발명하고, 둥근 바퀴를 발명했다. 신화 속 프로메테우스는 미래를 보고 생각할 줄 아는 지혜를 가졌다. 제우스는 사람이 살아가는 데 가장 필요한 불은 주지 않았다. 프로메테우스는 제우스 몰래 회향나무 줄기에 태양의 불씨를 붙이고 세상으로 내려와 장작더미에 불을 피웠다. 장작은 활활 타오르고 사람들은 불을 사용하기 시작했다. 프로메테우스의 '생각'은 지상의 인간들에게 불을 사용할 수 있게 했다.

신화에서 프로메테우스와 에피메테우스는 형제다. 프로메테우스는 '먼저 생각하는 자'라는 뜻이고, 에피메테우스는 판도라의 남편으로 '나중에 생각하는 자'라는 뜻이다. 에피메테우스의 아내 판도라는 열어서는 안 될 상자를 열게 됨으로써 인간 세상에 재앙을 가져온다. 하지만 프로메테우스는 인간에게 불을 부여함으로써 인간에게 축복을 가져다 준다. 프로메테우스가 훔친 불은 바로 '사고'와 '이성'을 나타내고, 그는 원시생활을 하는 인간에게 사고와 이성을 가르친 스승이 되었다. 프로메테우스는 별의 운행, 숫자와 글자를 가르쳤다. 가축 기르는 법, 병을 고치는 방법, 해몽, 점치는 방법도 인류에게 가르쳤다. 프로메테우스 덕분에 인간은 새로운 세상을 열게 되었다.

그러나 인간은 갈대와 같이 쉼 없이 흔들리는 유약한 존재이고, 갈대도 인간과 같이 자신의 울음을 삼키며 혼자 조용히 울고 있는 존재다. 게다가 바람이 심하게 부는 날이면 갈대는 자신의 흔들림에 대하여 스스로 '누가 나를 흔들고 있는가?'라고 물어볼 수 있을 것이다. 이렇게 스스로 물어보면서 갈대는 자신을 흔들고 있는 건 바람이나 달빛이라고 생각할지도 모른다. 그러나 곰곰이 생각해 본 결과 자신을 흔드는 건, 바람도 달빛도 아닌 자기 자신이라는 걸 알게 될 것이다.

갈대의 흔들리는 모습은 부대끼며 살아가는 나약한 인간의 모습을 많이 닮아있다. 신경림 시인의 표현대로 "산다는 것은 속으로 이렇게 조용히 울고 있는" 갈대와 같은 비극적인 모습인지도 모른다. 기실 우리를 가장 괴롭히고 슬프게 하는 것은 저마다의 가슴에 도사린 마음의 상처다. 모진 바람이 불어 닥치면 상처는 여지없이 아프다. 숨었다가 예고 없이 휘몰아치는 바람은 무섭기 그지없다. 마음이 여릴수록 상처는 가차 없이 흔들린다. 그러니 세상에 대해 지나친 것을 기대하지 마라. 배신당하여 슬퍼하고, 뜻밖의 이별에 아파하면서 힘들게 살아가는 자체가 모두 자신에게서 기인한 것일지 모른다. 사람들은 모두 다 흔들리는 갈대를 사랑할 뿐, 갈대를 모질게 흔들어대는 바람을 나무라지는 않는다.

어디론가 떠나고 싶어지는 가을이 오면 갈대가 나부끼는 들판 어딘가로 가보라. 그곳에서는 갈대와 하늘과 벌판만이 존재하는 드넓은 공간이 펼쳐져 있고 갈대를 흔들어대는 바람은 차가운 기운을 뿜으며 우리의 몸과 마음에 와닿는다. 가을바람에 흔들리는 갈대는 우리에게 속삭인다. 인간은 이 세상에서 가장 약하지만 가장 고귀하고 강한 존재라고.

2부

풀잎의 무게/내 사랑 구절초/시계꽃/잡초/나비와 요가/자귀꽃 피던 시절/
백합의 사랑/수선화에게/소박한 정원

풀잎의 무게

일상이 겉으로는 여유로워졌다. '코로나19' 신종 바이러스의 출현 때문이다. 시간을 번 걸까, 뺏긴 걸까. 일과가 달라졌다. 새벽에 한두 시간 책을 보다가 어둠이 걷히면 마당에 나가는 것으로 하루를 시작한다. 집에만 묶인 지 두 달째, 중국 우한에서 발생했다는 신종 바이러스 '코로나19'의 위력이 대단하다. 우리나라뿐만 아니라 세계인들을 옴짝달싹 못 하게 만들고 있으니 말이다.

병원에 가는 것조차 몸을 사리다 보니 몸 여기저기에 적신호가 켜지고 있다. 몸이 아프니까 욕심도 의욕도 사라지는 것 같다. 몸이 아픈 건가, 마음이 아픈 건가. 서울에 사는 둘째 딸내미가 걱정이다.

손목터널증후군으로 고생하는 딸이 안쓰럽고 울며 떼를 쓰는 갓난아기가 눈에 선하다. 하루속히 가봐야 할 텐데 밀폐된 비행기 안에서 바이러스가 옮을까 봐 엄두가 나질 않는다.

어스름한 새벽에 정원으로 나왔다. 풀 나무 몇을 전지하노라니 이들이 보내는 향기가 원초적이다. 옆집에서 바하의 〈마태수난곡〉이 나지막하게 흘러나오고 있다. 장엄하면서도 애절하고, 차분하면서도 힘차다. 〈신약성서〉에 나오는 〈마태복음서〉에 기록된 예수 수난을 주제로 한 곡이다. 예수의 존재를 세 번이나 부인한 베드로가 통한의 눈물을 흘릴 때 나오는 바이올린과 알토의 이중주가 절정이다. “당신 앞에서 애통하게 우는 나의 마음과 눈동자를/ 주여, 보시옵소서, 불쌍히 여기소서.” 자연의 모습을 몸으로 느끼니 신의 모습이 절로 보인다. 자연이 곧 신이고, 신이 곧 자연이 아닌가 하는 생각이 든다.

화단을 둘러본다. 얼마 전에 심은 화초 씨앗에선 아직 소식이 없고 여기저기 어린 잡풀들만 나 있다. 강아지풀, 개민들레, 클로버, 광대나물, 개망초…. 고개를 내미는 족족 뽑는데도 날마다 나온다. 자신들 생명에 위기감을 느끼는 만큼 종족 번식에 더 매달리고 있나 보다. 그래도 밉상이다. 잡풀이라 밉상이지 고급스러운 화초라면 대견스러웠을 거다. 화초냐 잡풀이냐는 순전히 내 기준에 따른 등급이다. 인간도 인종에 따라 등급을 매길 수 있을까. 백인종이 황인종보다 높다든

지 낫다고 할 수 있겠냐는 말이다. 다양성의 시각에서 봤을 때 우월과 열등, 정상과 비정상이라는 게 존재하기는 할까.

공정한 식견을 갖추지 못한 나는 오늘도 부지런히 클로버를 찾아 나선다. 잡풀일수록 뿌리를 뻗쳐 금세 세를 불리기 마련이다. 그러기에 아무리 작은 싹이라도 눈에 띄기만 하면 흙을 뒤져 뿌리를 없애고 만다. 까탈스러운 성미 탓도 있겠지만 집 마당을 정원다운 정원으로 만들고 싶기 때문이다. 이왕 꾸민 정원을 휴지통처럼 내팽개칠 수는 없지 않은가. 존재하지만 방치된 풍경은 사람을 불편하게 만들 뿐이니까.

야외 의자에 앉아 잠시 쉬고 있는데 잡풀 왕초가 빤히 쳐다보고 있다. 몇 번이나 제거하려다 손을 들고 만 놈이다. 호미를 들고 그가 있는 다육이 동산으로 갔다. 내 기어코 오늘은 네 놈의 뿌리를 끝까지 추적하여 퇴치할 것이니 그리 알아라. 이놈이 하필이면 바위틈 깊숙이 자리 잡아 쉽지 않을 것 같다. 우선 주위에 포진해 있는 큰 돌덩이들을 들추고 흙을 파내기 시작했다. 닭장 안에 있던 계백이네 식구 다섯이 망창 밖으로 부리를 내밀고 "꼬꼬구구꾸꾸 꼬고고구꾸" 야단이다. 백설이와 점순이, 깜순이, 그리고 막내 애순이까지 발 빠른 뒷발질로 흙을 팍팍 파내며 응원을 보내고 있다. 그래, 내가 이번엔 적을 어떻게 물리치는지 적나라하게 보여 주마.

나는 응원에 힘입어 있는 힘을 다하여 매달렸다. 드디어 뿌리 끝이 보이기 시작한다. 흐음, 이쯤에서 잡아당기면 네 놈도 별수 없겠지. 나는 녀석의 엉덩이와 허벅지를 두 손으로 꽉 움켜잡아 마구 흔들고 있다. 튼실한 다리가 휘청거리고 있는지라 젖먹은 힘까지 짜내어 움켜잡고 잡아당기는 중이다.

으라차차! 뭔가 뚝 부러지는 소리와 함께 내 몸이 뒤로 벌렁 나자빠졌다. 상체를 얼른 일으키며 누가 훔쳐보지 않았나 살폈는데 다행히 아무도 없다. 뿌리가 뚝 부러진 왕초만이 저쪽에 내팽개쳐져 뒹굴고 있다. 무릎 쪽에 통증이 와서 치마를 걷어 봤다. 무릎 아래가 많이 긁혀 피가 나기 직전이다. 약을 바르러 들어갈까 하다가 너럭바위에 몸을 뉘었다.

이런 휴식이 참 감미롭다. 흰구름이 바람을 타고 한 방향으로 흘러가고 있다. 부드러운 바람이 은은한 꽃향기를 날라다 준다. 나는 행복을 잘 느끼지 못하는 편이지만 이럴 땐 엷은 꽃이파리 같은 행복을 느낀다. 풀잎은 나에게 다가오고 나도 풀잎에 다가간다.

얼음물이 봄빛에 녹아내리듯 나를 옭아매는 가식과 허위에서 스르르 벗어나고 있다. 무언가를 많이 깨달은 척하고, 몇 권의 책만을 읽고 아는 척하는 것이 모두 가식과 허위에 지나지 않는 게 아닐까. 늘 아는 척, 깨달은 척 글을 써대지만 내가 진정 알고 있는 것은 무엇인가. 내면에는 소음이 들끓고, 인생의 진정한 가치가 무엇인지 알지 못한다.

정원의 생명을 보라. 꽃은 꽃대로, 꿀벌은 꿀벌대로, 풀잎은 풀잎대로 제자리에서 자유로운 영혼이 되어 살아가고 있다. 저 나름의 무게로 자신들의 영혼을 간직하고 있는데 내 영혼은 어떤가. 치를 건 치르고, 아플 건 아프며, 슬플 건 슬퍼해야 하는 게 아닌가. 외면하고 위장하다 보면 볼 수 있는 진실은 없을 거다. 나의 헛된 모습을 인정하고 진실로 받아들일 때 진정한 영혼의 자유가 오는 게 아닐까. 자유란 모든 굴레에서 벗어나 갇힌 나를 제대로 피어나게 하는 데 있을 것이다.

어떻게 시간을 보내야 더 인간답게 살 수 있는지는 각자의 몫이지만, 나는 자연과 더불어 만년을 보내고 싶다. 내 삶의 조각 조각을 하나로 채우다 보면 더 큰 삶의 진실을 볼 수 있을 것 같기도 하다. 거짓 나는 버리고 진짜 나만 모으다 보면 어느 게 참이고 어느 게 거짓인지를 알 수 있지 않을까.

다시 식물들과 교감한다. 식물은 달콤한 향기와 아름다움으로 인간에게 다가온다. 그들은 벌써 알고 있을 거다. 벌이나 나비를 매개체로 하는 것도 좋지만 인간의 힘에 의존해야만 자신들이 살아가는 데 더 유리하다는 것을. 종족을 번식시키고 보존해주는 데 인간보다 더 유리한 종이 어디 있겠는가. 그들은 인간이 필요하고, 인간 역시 그들이 필요하다. 인간과 식물이라는 다른 종이 서로에게 필요충분조건을 성립시키면서 공생하고 있다.

웡웡대는 꿀벌의 날갯짓에 눈을 떴다. 박태기나무 진보라색 꽃 사이로 보이는 하늘이 곱기도 하다. 흘러가던 양털 구름도 잠시 머문다. 옆에 고고하게 서서 나를 내려다보는 흑명자는 고색창연하고 참꽃나무의 꽃은 참하다. 참꽃은 철쭉꽃을 닮으면서도 헤프지 않고 품위 있게 아름다워 늘 시선을 끈다. 과실나무들에도 꽃이 피기 시작했고 어떤 나무에는 열매가 조랑조랑 달려 있다. 모두 저마다 소중한 생명과 존재의 무게를 간직한다. 꽃, 나무, 풀잎들이 밝은 햇살 속에서 활짝 웃으며 나에게 다가오고 있다.

내 사랑 구절초

여고 동창생들이 산행에 나섰다. 퇴임 후 백수로 지내면서도 바쁜 일정 때문에 미루어 오던 산행이다. 만나자마자 밀린 이야기를 나누느라 입이 쉴 틈 없다. 푸른 하늘에는 몽실몽실 무리를 진 구름이 유유히 떠다니며 우리의 수다를 엿듣고 있다.

무르익는 가을과 함께 꽃들도 무르익어 간다. 산비탈과 숲길에는 한 시절의 화양연화를 마무리하겠다는 듯 야생화들이 옹기종기 모여들어 이야기를 속삭이고 있다. 꽃들이 엮어내는 모양도 빛깔도 저마다 다른 모습이다. 같은 노란 꽃이라도 이른 봄에 피어나는 복수초와 가을 산자락에 무리 지어 피어나는 산국의 색깔은 다른 느낌으로 다가

온다.

봄꽃과 달리 가을꽃은 어딘가 쓸쓸함과 외로움을 지닌다. 산국 · 쑥부쟁이 · 한라구절초 · 야고, 눈앞에 보이는 꽃들의 이름을 보이는 대로 하나하나 불러본다. 어린 시절에 선생님이 내 이름을 불러주면 힘차게 손을 들어 화답했듯이, 꽃들도 자기 이름을 불러주면 환한 얼굴로 화답한다. 찬란한 가을 햇살이 그들 얼굴 위에 보석처럼 쏟아지고 있다.

누군가 쑥부쟁이와 구절초가 어떻게 다르냐고 묻는다. '꽃박사'라고 불리는 친구가 나섰다. 쑥부쟁이는 한 꽃대에 은근한 보랏빛 꽃이 여러 송이 달리고, 구절초는 한 꽃대에 한 송이씩만 피는 하얀 꽃이라고 설명한다. 여태 쑥부쟁이와 구절초를 확실하게 구별하지 못하면서도 알은체했던 사실이 쑥스럽다.

"쑥부쟁이와 구절초를/ 구별하지 못하는 너하고/ 이 들길 여태 걸어왔다니"(안도현, 〈무식한 놈〉) 꽃들이 나에게 '무식한 놈'이라고 나무라면서 외면할 만하다. 이제야 제대로 알고 바라보는 순간, 그들도 비로소 새로운 '꽃'으로 다시 피어나고 있다.

꽃도 누군가 자신을 봐주기를 소망한다. 작고 하찮은 것일수록 사랑이 다가오기를 기다린다. 꽃도 무언가에 결핍감을 지니고 있기 때문에 누군가를 기다리고 있다. 사랑이 담긴 시선을 받는다는 것은 아름다운 일이다. 사랑이 담긴 시선은 꽃을 결핍으로부터 구원한다. 바라보는 것, 관심 가져주는 것은 구원을 의미한다. 우리가 느끼는 결핍감은 누군가 나를 바라보지 않기 때문에 생기는 게 아닐까. 무언가 모자라고 무언가에 배고파서 허덕이는 이 끝없는 결핍감! 누군가에게 시선을 보내는 것, 누군가의 시선을 받고 싶어 하는 것은 무언가 모자람이 있기 때문일 것이다.

진정한 관계 맺음은 가까움을 전제로 한다. 구절초는 가까이 있다. 나와 구절초는 관계를 맺고 싶어 한다. 하지만 가까움의 거리에는 또 다른 멂이 놓여 있다. 멂의 제거는 때로 가까움을 키우지 못하고 가까움을 파괴한다. 서로 좋아하면서도 미워하고, 서로 그리워하면서도 돌아서고, 가까워졌다가 또 멀어진다. 우리는 가까이 있는 듯하지만 멀리 있다. 부부 사이, 자식 사이, 친구 사이, 가까이 있으면서도 항상 '먼 그대'이다. 구절초는 눈앞에서 살아 움직이며 손짓하고 있지만, 저 멀리 떨어져 있다.

산등성이 외진 곳에서, 오름 모퉁이 둔덕에서 흔들거리며 겨울을 맞는 저 하얀 꽃은 너무 아름답고 외로워서 서럽다. 입동이 가까워 아침저녁 날씨가 어깨를 움츠리게 하지만, 그에 아랑곳없이 가을을 마감하는 구절초는 어머니 마음같이 따듯해 보인다. 겨울 초입에서 화장기 없는 얼굴로 곱게 피어 청아한 모습으로 서 있다. 흰 앞치마를 두르고 우리가 눈에서 보이지 않을 때까지 손 흔들며 서 있던 어머니 같은 꽃 구절초. 한 계절의 끝자락에서 껍질만 앙상하게 남은 겨울을 맞아주며 떠나는 꽃. 그 마음에는 지난날의 모든 아픔과 설움을 다 품어 안고자 하는 깊은 마음이 담겨 있다. 사람들이 왜 구절초를 '어머니 꽃'이라 부르는지 알겠다.

구절초는 어머니가 되어 나를 바라보고 있다. 그리움이 물결처럼 밀려올 때, 나는 소박하면서도 자태가 고운 구절초를 바라본다. 아홉 개의 아픈 마디를 가진 구절초는 꽃을 진중하게 피우고 가을의 끝자락까지 남아 있다. 화려한 빛깔의 단풍에도 기죽지 않는 의연함은 어디에서 오는 걸까. 은근하면서 깊이 있는 향기로움도 이 세상 냄새가 아닌, 천상의 냄새 같다. 특히 한라산 깊숙한 곳에서 피어나는 한라구절초는 서늘한 향기가 더 은은하다. 아무데나 쉽게 나서지 않고 있는 듯 없는 듯 은은한 향기를 내뿜는 어머니 같은 구절초. 조용히 숨어 지내면서도 기품 있는 은둔의 미학을 나는 언제쯤 깨우치게 될까.

햇살은 조금씩 여위어 가고 가을도 저물어 간다. 지난 계절 화려한 시간을 보낸 야생화들이 지금 작고 여린 잎으로 땅에 납작 엎드려 있다. 어딘가로 돌아가야 할 채비를 하는 모습은 애잔하지만 경건하다. 아직 지지 못한 구절초 꽃잎이 늦가을과 함께 외롭게 달랑 매달려 있다. 향기는 불어오는 바람에 모두 날아가 버리고, 꽃잎도 갑자기

내리는 비에 젖어 애처롭다.

너무 맑고 밝아서 아픈 꽃 구절초, 이제 겨울이 오면 여위고 힘든 저 마음을 어디에 기대려나. 백설 분분한 세상이 오면 너의 꿈대로, 발걸음이 이끄는 대로, 바람에 날리는 대로 마음껏 날아가거라. 새 가을이 오면 다시 순수한 꽃으로 태어날 내 사랑 구절초.

시계꽃

머리끝부터 발끝까지 모포를 감싸고 누워 있다. 태고의 시간으로 들어가 여유를 누리는 중이다. 무념무상의 상태로 숨을 깊게 들이마셨다가 길게 내쉬기를 반복한다. 요가 동작을 마친 뒤에 찾아오는 평화로운 시간이다. 이 시간만큼은 세상의 어떤 잘못도 실수도 모두 용서된다. 아무도 알지 못하는 화해의 시간이다.

정좌하고 원장이 따라주는 보이차를 마신다. 찻주전자에서 잔으로 길게 내려오는 찻물 속으로 미네랄이 담뿍 담긴다. 혀끝을 감도는 차의 향기가 입안에 감긴다. 향을 실은 차가 온몸을 돌아다니며 조용히 춤추고 있다. 침묵 속에 차를 음미하는 사람들의 얼굴에는 예수님의 사랑과 부처님의 자비가 흐른다.

L 선생이 입을 뗐다. “오늘은 햇빛이라도 나려나? 이따 나가는 길에 날씨예보를 하는 시계꽃이나 보고 가야겠다.” B 선생은 의아하다는 듯 이렇게 말한다. “그게 시계꽃이라고? 내 눈엔 예수님 머리에 씌웠던 면류관 같아서 예수꽃으로 부르고 싶던데.” 귀가 쫑긋해진다. 나는 그 꽃을 본 적이 없기 때문이다. 이따가 요가원을 나설 땐 동쪽 울타리를 살펴봐야겠다.

요가 시간이 끝나자 설렘을 안고 내가 다니던 서쪽이 아닌, 동쪽으로 가봤다. 덩굴식물만 길게 뻗어있고 꽃은 눈에 띄지 않아 돌아서려는데 지나가던 L이 중얼거리며 지나간다. “꽃이 오므리고 있는 걸 보니, 오늘은 날씨가 흐리겠네.” 그제야 찬찬히 살펴보니 연둣빛 꽃봉오리가 여기저기 움츠려 있다.

좀더 자세히 살펴보려고 바짝 다가선다. 넝쿨들 사이사이에 기이한 꽃이 간간이 피어있다. 아래에는 연초록 꽃받침이 셋, 위에는 열개의 연노랑 꽃받침이 어긋난 채 돌아있어 꽃을 더욱 돋보이게 한다. 기다란 꽃잎들이 무리 지어 바람에 흐느적대고 있는 모습이 마치 바닷물 속에서 노니는 말미잘 같다.

이런 특이한 꽃은 처음 본다. 꽃잎의 색깔도 여느 꽃과 다르다. 보라색인 위쪽 끝에 이어 연보라 · 연노랑 · 하양 · 보라 순으로 동심

원을 이루고, 꽃의 은밀한 쪽에는 청보랏빛을 바탕으로 자주색 띠가 선명한 빛을 띠면서 온갖 색채와 자태를 발한다. 오오, 이 찬연한 열정에 흔들리지 않을 자가 누구이뇨. 온몸이 빙글빙글 돌면서 블랙홀 속으로 빠져드는 듯하다.

열매와 꽃받침도 특이하다. 꽃받침이 펼쳐진 시계꽃은 영글어가는 열매를 호위무사처럼 끝까지 지키겠노라고 다짐하고 있다. 시든 꽃잎은 노란 열매를 향해 다소곳이 손을 내밀어 연둣빛을 간직한 채 떠나고, 꽃받침은 떠나는 꽃잎의 엉덩이를 토닥여 준다. "괜찮다. 다 괜찮다. 째깍째깍."

나는 이 미터쯤 되는 시계꽃을 분양받아 마당 울타리에 심었다. 덩굴을 뻗으며 날마다 쑥쑥 자라는 게 여간 대견하지 않다. 두어 달이 되자 꽃도 여기저기 피웠잖은가. 얼마나 대견한지.

꽃을 가만히 들여다보고 있으면 예전에 차고 다니던 아날로그 시계가 생각난다. 시계꽃은 째깍째깍 소리를 내면서 제 갈 길을 간다. 꽃의 화려함에도 놀라지만 생김새에 더 놀란다. 자전거 페달 같은 수술이 사방으로 달린 모양이며 잎이 활짝 펼쳐져 원반을 이룬 모습이 영락없는 시계다. 시계처럼 분침과 시침, 초침까지 갖추고 있음에랴.

시계꽃은 비밀스러운 시간도 품고 있다. 내가 그의 곁을 지키고 있는 동안 계속 째깍거리며 시간 속을 질주한다. 과거의 아쉬운 시간,

현재의 바쁜 시간, 미래의 알 수 없는 시간 속으로 달려간다. 시간은 자꾸 흐르고 있다.

그 아래에 앉아 재깍거리는 소리에 귀를 기울여 본다. 새벽에 기분 좋은 꿈속에서 듣던 초침 소리와 겹쳐진다. 틱톡 틱톡. 아날로그의 삶이 그립다. 디지털 시대는 인간을 못살게 군다. 조금은 불편하더라도 느릿하고 자유로운 삶이 좋다.

시계꽃은 하루만 피었다 진다. 해가 뜨면서 피고, 모든 사물이 잠든 시각에 지는 꽃이다. 어쩌면 태양을 좇는 꽃인지 모르겠다. 태양을 향한 열정을 불태우다 진다는 게 얼마나 아름다운가. 딱 하루만 활짝 피었다가 지는 꽃이기에 애처롭기도 하다. 청춘도 잠시 피었다가 어느새 늙어서 지고 만다.

시계꽃을 유심히 바라보면 고행의 길을 걷는 듯해서 슬프다. 신대륙에서 처음 이 꽃을 발견한 유럽의 탐험가들은 "예수의 가시관과 십자가 위에서의 수난이 떠올랐노라."고 말했다. 고행과 수난의 모습을 보여주는 것이 시계꽃이다. 고행의 삶을 살아야 하는 인간의 모습을 닮았다.

이런 이야기도 있다. 예수가 십자가에 못 박혀 죽은 골고다 언덕 자리에서 풀이 돋아났고, 그 풀은 하염없이 제 몸을 감으며 줄기를 뻗어 붉은 꽃을 피웠다. 꽃은 예수그리스도를, 덩굴손으로 감아 올라

간 줄기는 예수를 묶은 밧줄을 의미한다. 그래서 시계꽃은 예수를 상징하는 '열정의 꽃'으로도 불린다.

밤낮으로 수많은 꽃이 피었다가 진다. 하지만 저 하늘에 수많은 별이 나타났다 사라지듯이 내가 만날 수 없는 꽃도 많다. 내 열정과 사랑을 남들이 몰라주었듯, 저무는 꽃밭에 내리는 붉은 노을 같은 아름다운 꽃들을 제대로 살피지 못하고 그냥 지나치지 않았던가.

세월이 흐르면서 열정과 욕심이 점차 사그라지고 있다. 한때는 모든 걸 내가 해야만 직성이 풀려 일에 매달렸는데 부질없는 짓이었다는 생각이 든다.

시계꽃이 내 귓전에 대고 속삭인다. "틱톡틱톡, 성스러운 꽃 같은 시간이 자꾸 흘러가고 있어요. 가슴속에 새로운 열정을 품고 저처럼 활짝 피어나 보세요."

잡초

집을 두세 달 비웠다가 돌아오니 마당이 잡초로 가득하다. 예쁘던 마당은 그들 차지가 되고 말았다. 나름대로 색다르게 꾸며놓았던 화초화단도, 들꽃화단도, 다육이화단도 그 이름이 무색할 정도가 되어버렸다. 아무리 성장력이 왕성하다지만 화단의 꽃들보다 몇 배나 빠르게 자라있다.

이들은 대체 어디서 날아와 꽃까지 피웠을까. 아무리 잡초꽃도 꽃이라지만 눈엣가시처럼 밉살스럽다. 내가 아끼는 꽃과 과실나무들 주위에는 더 무성한 것 같다. 화단의 꽃들이 잡초들을 없애 달라고 아우성이다. '이왕 참는 김에 하루만 더 참으렴. 오늘은 보내야 할 급한 원고가 있단다.' 이렇게 마음을 다잡고 앉았지만, 마당의 꽃들이 자꾸 눈앞에 어른거려서 슬리퍼 차림으로 마당에 나왔다.

마당을 거닐다가 황근 나무로 기어올라 숨통을 조이고 있는 잡초와 마주쳤다. 화단에 들어가 칡넝쿨 같은 줄기를 힘껏 잡아당겼더니 우지끈 끊어진다. 뿌리까지 퇴치할까 하다가 장화로 갈아신기 귀찮아 그만둔다. 그 대신에 옆에 있던 풀들을 뽑아봤다. 쏙쏙 잘 뽑힌다. 나는 두 팔을 걷어붙이고 꽃잔디와 가자니아에 솟아오른 놈들을 양손으로 확확 뽑아 해치웠다.

환한 봄날 세상천지 난만하게 잡초들이 먼저 와서 피고 말았다. 잡초의 꿈은 아무것도 보이지 않는 희망 없는 땅에서 밝은 하늘로 올라가는 것이다. 인간에게 밟히고 짐승에게 뜯기면서도 잡초는 다시 일어선다.

조상 적부터 잡초로 살아온 그들은 자신의 신분을 알기에 꽃들을 부러워하거나 시기하지 않는다. 짓밟혀도 짓밟혀도, 뽑혀도 뽑혀도 푸른 잡초로 다시 살아난다. 희망도 푸르게 꿈도 푸르게 앞날만 보며 말없이 피어나 살아가는 생명이다. 지극히 낮은 곳에서 오직 온몸으로 생명을 불태운다. 서 있는 이 자리가 바로 현재이고 미래이며 영원으로 갈 자리다.

나도 잡초가 되어본다. 인생이란 잡초더미에서 예쁜 꽃을 찾아내는 일이다. 그들도 살아남기 위한 남모른 생존방식이 있다. 벼를 닮은 피가 논에서 벼와 함께 자라고, 콩잎을 닮은 잡초가 콩밭에서 자란다. 땅속줄기나 뿌리에서 잎이 나와 마치 땅에서 잎이 나온 것처럼 보이기도 한다. 햇빛을 보지 못하거나 싹을 틔우지 않고도 땅속에서 거뜬히 기다릴 수 있는 것은 끈질긴 생명력 덕분이다.

잡초는 살아남기 위해 더 강한 번식력과 생명력을 가진다. 꽃과는 다르다는 이유로, 제자리가 아니라는 이유로 인정사정없이 제거되어야 하는 슬픈 운명의 잡초들. 정원에 숨어든 잡초는 그야말로 시한부 생명이다. 그들은 남의 정원에 침입했다는 죄목으로 어김없이 처형당한다. 인해전술로 밀고 들어왔지만, 인간들의 잔혹한 낫과 호미에 의해, 제초제에 의해 몰살당하는 것이다. 거대한 힘으로부터 거침없이 짓밟히고 거세되지만 버텨서 살아내야 한다.

잡초는 인간의 손길이 닿지 않는 곳에서 그 생명을 일구어낸다. 새봄이 오면 그들은 누군가의 집 정원에 산과 들에 맨 먼저 계절의 시작을 알린다. 길가에 죽은 척 엎드려 있다가 봄이 오면 허리를 펴고 행동을 개시한다. 봄의 풍경은 잡초와 함께 완성된다. 어떤 시련에도 굴하지 않는 하찮고 작은 것들이 모여 세상은 이루어진다. 이름 모를 풀이라고 마구 뽑혀 땡볕에 내던져지는 잡초, 그들도 예쁜 화분에 심어 놓으면 의젓한 화초가 된다. 처음부터 꽃과 잡초가 따로 있을까.

컴퓨터 앞에서 끙끙대고 있다. 좋은 글을 쓰고 싶은데 써지지는 않고 시간만 자꾸 흐른다. 글을 쓰면서 가끔은 한 발자국 멀리서 나를 바라보고자 한다. '외면의 나'와 '내면의 나'가 엇갈려 우왕좌왕이다. 이럴 때면 내면 깊숙한 곳을 차분히 응시해본다. 다소나마 마음이 정화되는 기분이 든다. 글을 쓸 때면 순간에 머무를 수 있는 몰두의 시간이 주어져 좋다. 잡초를 제거할 때의 몰두, 그만치 사는 일도 글 쓰는 일도 좋은 만큼 힘들다.

자판을 두드리기 시작한다. 타다다닥 타닥…. 글에서든 인생에서든 형상화形象化와 기승전결起承轉結이 더 힘들다. 기승전결이 내 마음대로 된 적이 있던가. 그것은 천국에서나 가능한 일이다. 아마도 천국은 편하겠지만 지루할 것이고, 지옥은 힘드나 긴장이 있을 것이다. 인생의 한 단락과 같은 글들, 모든 것이 뒤엉켜 아주 어지러울 때 내 글도 혼란스럽다. 그때 나는 긴장하게 된다. 잡초를 캐낼 때 어지러운 마당에서의 막막한 두려움, 인생도 그 같은 두려움의 연속이 아닐까.

밤이고 낮이고 구름은 흘러가고 우리네 삶도 흘러간다. 세월을 되돌아보면 이제 살아갈 날이 머지않아 보인다. 생의 마지막 시점이 되면 살아온 발자취를 어떻게 회고할 수 있을까. 남은 생, 제대로 된 사람 노릇은 하다가 돌아가고 싶다. 파란 하늘에 새하얀 구름이 몽실

몽실 피어올랐다. 삶이 어렵고 힘들 때 흰 구름을 바라보면 조금은 가벼워진다. 하늘로 두둥실 떠오르면서 전생과 후생을 바라본다.

후생後生에서는 어느 낯선 곳에서 동쪽의 일출이 아니라 서쪽의 일몰만 바라보며 헤매고 있지는 않을까. 바람 부는 언덕을 넘으며 전생에서 만나지 못한 사람을 다시 찾고 있지는 않을까. 전생에서 방황하며 이루지 못한 일들을 후생에서 다시 하고 있지 않을까. 사랑하는 자식들을 더 살뜰하게 챙겨주고, 좋은 책을 더 많이 읽고, 글도 제대로 쓰고….

어쩌면 더 힘들고 무거운 삶이 기다리고 있을지 모른다. 나는 후생에서도 꽃과 나비가 되지 못한 채 잡초들과 어울려 살아가야 할까. 잡초를 캐면서 그들과 함께 살아가는 인생도 의미가 있을 거 같다. 너와 내가 만나 살아가면서 서로를 위로하고 확인하며 살아가는 게 인생 아니던가. 어딘가에서 누군가의 뿌리가 되어주고 그 숨결을 함께할 수 있다면 그게 삶의 보람이 될 수 있겠다.

아침에 일어나 보니 새날의 태양이 정원에서 환하게 출렁이고 있다. 그 빛에 겨워 꽃은 꽃대로, 나무는 나무대로, 잡초는 잡초대로 하늘을 향해 웃고 있다. 하늘도 축복의 눈길로 그들을 바라본다.

나비와 요가

새들이 지저귀는 요란한 소리에 잠이 깼다. 비 온 뒤의 삽상한 토요일 아침, 잡초를 뽑아주려고 정원으로 나왔다. 이파리 끝에 이슬이 맺혀있는 꽃나무와 풀꽃들이 더없이 싱그럽다. 감나무와 아로니아 나무 사이에 걸려있는 거미줄도 빛나고 있다. 정연하게 짜놓은 방사형의 은실 그물에 매달린 수많은 물방울이 보석처럼 보인다. 이집트 여왕의 목걸이가 제아무리 정교하게 가공되었다 한들 저보다 찬란할까. 거미의 신교神巧한 세공 솜씨에 탄성이 절로 나온다.

며칠 동안 비가 와서 목단나무의 봉오리들이 몽글몽글해졌고, 작약의 새하얀 꽃봉오리는 솜사탕처럼 부풀어 올랐다. 이미 활짝 피어나

자기들을 봐달라고 아우성인 장미와 팬지, 금잔화와 라일락. 돌담 아래 수줍게 고개 숙여 피어난 토종 수선화는 향기로 매혹하고 있다. 자연이 만들어놓은 이 신비로운 생명과 마주 앉아있으면 해님도 멈춰서서 벗이 되어준다.

꽃의 아름다운 색과 향은 나의 사랑이고 추억이었다. 꽃은 바람과 함께 왔다가 봄과 함께 머물렀다. 내 눈에서 피어난 꽃은 그대의 눈에서도 피어났다. 꽃은 모든 사람에게서 피어나고 세상의 모든 곳에서 피어난다. 꽃이 있으면 벌과 나비들이 방문하고 그들은 한데 모여 성대한 축제를 벌인다.

어디서 꿀벌 두 마리가 자신들도 벗이 되겠다는 듯 날아왔다. 벌들은 유채꽃에 잠시 머무는 것 같더니 이내 홍매화로 날아간다. 나도 매화 가까이 가본다. 거기에는 이미 벌들 여럿이 붕붕거리며 꿀을 빨고 있었는데 이놈들도 같은 꽃에 들어가 앉는다. 팔다리를 분주히 움직이며 배 불리기에 여념이 없다. 한참 후, 배가 불룩해진 한 마리가 부웅~ 날아오르자 다른 벌들도 이웃 화단으로 우르르 몰려간다.

이번엔 나비 한 마리가 날아들었다. 검푸른 날개로 멋진 날갯짓을 하던 나비는 동백꽃 위에서 잠시 머물다 지나간다. 동박새의 영역을 침범하지 않으려는 저들의 자제력과 질서는 대체 어디서 오는 걸까. 명자꽃으로 가볍디가볍게 날아가 살포시 앉은 나비는 자태가 곱기도 하다. 명자꽃에 검푸른 빛이 도는 멋진 제비나비가 어우러지니 환상 궁합이 따로 없다. 어쩜 저리도 잘 어울리는 한 쌍일까.

갑자기 몇 년 전에 호주에서 치른 큰딸 결혼식이 생각난다. 살아 숨 쉬는 숲을 배경으로 치러지던 모습이 얼마나 근사하던지. 자본사회에 물들지 않은 천년의 숲에는 신성한 에너지가 넘쳐흐르고 있었다. 물질화되지 않은 영혼이 숲에 에너지를 불어넣어 더 신성하게 느껴졌을지 모른다. 어디서나 우리의 마음을 울리는 것은 인공적으로 만들어진 어떤 거창함이 아니라 자연의 순수함과 마주칠 때다.

나비가 내 곁에 있는 금잔화로 옮겨왔다. 나비는 언제나 자유롭다. 나는 언제쯤 저 나비와 같이 훨훨 날아다니면서 자유를 누릴 수 있을까. 무심한 나비를 바라보면서 호접몽胡蝶夢을 꾸어본다. 내가 꿈에 나비가 된 것인지 나비가 내가 된 것인지 알 수가 없다.

가까이에서 본 제비나비의 모습은 더욱 범상치 않다. 날개 중앙에 연한 청록색과 흰색 띠가 투명하게 자리 잡고 있고 몸속까지 맑고 투명하다. 아마도 그는 영혼까지도 맑을 것이다. 태어나면서부터 세상의 짐을 덜어내고 자유롭게 사는 방법을 다 알고 있다는 듯이 몸도 영혼도 가볍다.

나비가 꽃잎 속의 노란 꽃술에 입맞춤한다. 파르르 떨리면서 더 붉어지는 꽃잎. 일렁이던 꽃술의 파문波紋은 미세혈관으로 차츰 번져

나간다. 침묵하는 모든 것은 아름답다. 그들 사이에서는 굳이 말이 필요하지 않다. 문득 요가원의 명상 장면이 떠오른다.

어떤 종교에서든 수행의 기본은 묵상이고 요가에서도 마찬가지다. 우리의 몸은 영혼이 머무는 성전聖殿이니까 청결하게 가꾸어야 한다. 요가를 할 때마다 잡다한 모든 생각을 걷어내려고 애쓰면서 명상에 공을 들인다. 성전에서 영혼의 눈이 새로이 태어나기를 간곡히 빌어본다.

한동안 처져 있던 몸과 마음을 다스리려고 요가를 다시 시작하면서 활력을 되찾고 있다. 좀처럼 자신의 아집과 편견에서 벗어나지 못하는 사람도 요가수련을 하다 보면 세상을 바라보는 눈이 유연해져 간다. 자신의 내면을 관조하게 되면서 굳어있던 아집의 응어리나 편견이 보이기 시작해서일까.

비가 오고 있다. 5월의 비가 정원에 시원하게 내린다. 화단에도 텃밭에도 길 건너 숲속에도 딸기 향을 머금은 연초록 비가 사나흘째 계속 내리고 있다. 이런 날엔 모든 꽃을 다 차지하려고 다투는 욕심 많은 벌도 어디선가 휴식을 취하며 자신의 마음을 정화하고 있을 것이다.

오늘도 몸과 마음을 가다듬기 위해 수련을 한다. 요가를 할 때마다 호흡을 조절하면서 육체에 오롯이 몰입하려고 애쓴다. 간혹 거북이가 잠자는 자세와 고양이가 엎드린 자세를 취하기도 하는데 그날의 상태에 따라 포즈가 잘 잡히기도 하고, 잡히지 않기도 한다. 몸은 우주와 같다. 몸은 인간 영혼의 평온함과 고뇌의 모습을 그대로 표현해낸다.

오늘따라 나비가 되고 싶어진다. 복잡하고 허망한 인간사에서 벗어나 무념무상의 상태로 훨훨 날고 싶다. 온 힘을 다해 나비와의 교접을 시도하지만 좀처럼 소식이 없다. 온갖 번뇌로 가득 찬 나에게 나비가 쉬이 찾아올 리 없다.

혼신을 기울여 마음을 한곳으로 모아 본다. 아, 드디어 나비가 손을 내밀었다. 투명한 날개를 펼치고 나비와 함께 날기 시작한다. 가슴 속 가득 쌓여있던 걱정과 번뇌가 흩어지며 사라진다. 나비가 훨훨 날아오른다. 나도 아름다운 한 마리 나비가 되어 훨훨 날아가고 있다.

자귀꽃 피던 시절

봄날이 가고 여름 신록이 펴질 때면 유독 눈길을 끄는 나무가 있었다. 멋진 꽃을 피우는 자귀나무다. 자귀나무에는 명주실 타래를 풀어 놓은 듯 뭉실뭉실 연분홍 꽃 무리가 가득하다. 가늘고 보드라운 수백 가닥의 꽃술이 따사로운 태양 빛을 머금어 점점 발갛게 물들어간다. 부채꼴 모양의 꽃들은 불어오는 바람결에 춤을 추듯 일렁이며 밖으로 나오라고 손짓했다.

A 초등학교 교정에서 바라보던 자귀꽃은 새로운 교직 생활을 축하하듯 나에게 다가왔다. 나무 아래에서 꽃을 바라보는 것과 교실 창가에서 내다보는 꽃의 모습은 너무도 달랐다. 새로운 눈으로 세상을 바

라보게 된 것도, 빛과 그늘을 뒤집어 볼 수 있게 된 것도 자귀꽃을 알게 되면서부터다. 학교에서 아이들과 생활하다가 퇴근할 때 묵묵히 나를 배웅해 주던 자귀꽃은 유난히 색이 짙고 깊어 보였다. 아마도 아이들과 함께 나누는 설렘을 자귀꽃과도 함께 나누었기 때문일 것이다.

자귀꽃이 활짝 핀 운동장에 서 있을 때면 아이들이 하나둘 내 곁으로 모여들곤 했다. 누군가 등을 툭 치면 나는 화들짝 놀라 뒤돌아보고, 그 모습이 뭐가 그리도 우스운지 아이들은 너나없이 웃어댄다. 아이들의 웃음 속에는 순수한 생명력이 담겨있다. 까르르 와르르 쏟아지는 아이들의 웃음꽃은 꽃구름 같기도 하고 화단 가득 피어있는 노랗고 빨간 꽃송이 같기도 하다. 아이들의 웃음소리가 꽃들과 어우러져 날아오르면서 운동장은 금세 꽃 세상, 웃음 세상이 된다.

우리의 삶에 웃음이 얼마나 중요한가. 나도 아이들처럼 천진난만하게 웃고 싶지만 그런 웃음은 좀처럼 나오지 않는다. 교직에서 감사했던 일은 아이들의 순수한 웃음과 늘 가까이할 수 있었다는 사실이다. 싱그러운 생명력과 순수함이 내 곁에 있었기에 삶이 아무리 힘들어도 그 자락을 붙잡고 견뎌올 수 있지 않았을까.

6월 어느 날, 학교 화단의 귀퉁이에 자귀꽃이 보드레한 꽃잎을 내밀고 있었다. 꽃잎은 학교운동장에 쏟아지는 햇살과 아이들의 기운을 받아 활짝 피어났다. 한올 한올의 가느다란 실을 가만히 들여다보고 있을 때, 동석이가 다가와 "선생님, 뭐 하세요?" 한다. 키 작은 동석이는 심장이 안 좋은 탓인지 유난히 입술이 파랬다. 처음 그 아이에게 눈길이 간 건, 어려운 환경 속에서도 학급문고에 있는 책을 거의 읽고 있어서다. 공부도 곧잘 했다. 너무나 힘든 가정형편임에도 조용히 이겨내는 모습은, 힘든 시간을 견뎌내며 꽃살을 만들어내는 자귀꽃을 닮아 있었다. 나는 그 아이에게 '환희'와 '기다림'이라는 자귀 꽃말을 꽃피우게 하고 싶었는지 모르겠다.

빚에 쪼들린 나머지 집안 사정이 어려워진 아버지는 돈을 벌기 위해 일본으로 밀항해서 소식을 끊었고, 어머니는 다섯 살배기 아들을 놔두고 어디론가 사라져버렸다고 한다. 할머니의 손에서 어렵게 자란 동석이는 어릴 때부터 세상의 모짊에 너무 많은 것을 알게 되었을 것이다. 나는 그 아이를 볼 때마다 손을 잡고 맘속으로 얘기하곤 했다. '동석아, 추운 겨울을 잘 이겨내렴. 꽃을 피워 올리는 저 자귀꽃처럼 너도 어서 꽃을 피워 올려 환희를 맛보렴.'

그 아이는 학급의 누구와도 친하지 못했고 다른 선생님들한테 무조건 반항했다. 그가 유일하게 의지하는 사람은 담임선생인 나뿐인 거 같았다. 자신에게 드리워진 슬픔과 고통을 참지 못하던 동석이는 결국 끔찍한 사고를 저지르고 말았다. 태양이 지글거리던 여름방학 어느 날, 혼자 집에 있던 그 아이가 농약을 마신 것이다.

동석이 할머니의 화급한 전화를 받고 병원에 달려갔는데 의식불명 상태였다. 급기야 위장에서 농약을 세척하는 등 응급조치가 있었지만, 아이의 상태는 호전되지 않았다. 당시에 나는 임신 중이라 응급실과 엑스레이실을 드나드는 게 염려스러웠지만, 동석이를 놔두고 병원을 떠날 수는 없었다. 병실을 오가면서 가슴이 미어졌다. 그해 여름의 충격은 참 컸다. 내가 해줄 수 있는 일이 없어 면구스럽고 부끄러웠다. 그 아이에게 세상과 어른들이 얼마나 저주스러웠으면 그 같은 일을 저지를 수 있었을까.

동석이는 삼 개월쯤 후에 학교로 돌아왔다. 동석이가 돌아온 그해 여름에도 자귀꽃은 어김없이 피어나고 있었다. 나의 교직 생활도 겨울과 봄날이 지나고, 또 여름이 오면 자귀꽃이 활짝 피어나듯 그렇게 지나갔다.

동석이가 5학년이 되던 해에 나는 다른 학교로 발령이 났고 몇 차례 편지가 오갔다. 해가 바뀌면서 연락이 뜸해지고 그 아이가 조금씩 잊혀 갔다. 그러던 어느 날, 그가 집 근처의 바다로 뛰어들어 저세상으로 갔다는 소식을 듣게 되었다.

모든 출발은 끝점에서 또 다른 시작점으로 이루어진다고 한다. 아이들과 함께 시작했던 37년 동안의 교직 생활을 마무리해야겠다고 생각한 날, 교직을 출발하던 때의 기억이 여름을 맞은 자귀꽃처럼 피어오른다. 교직 생활의 가장 큰 충격과 슬픔이었던 동석이. 숱하게 거쳐 간 아이들이 떠오르면 왠지 모를 회한이 가슴을 짓누른다.

퇴직한 뒤 홀가분한 마음으로 산책하던 숲길에 자귀꽃이 피어나고 있었다. 나는 연분홍으로 피어오르는 창백한 자귀꽃 앞에서 오랫동안 머물고 있다.

백합의 사랑

옛날 주피터 신은 갓 태어난 헤라클레스에게 영원한 생명을 주고 싶었다. 하루는 그의 아내 주노가 잠들자 헤라클레스에게 젖을 물린다. 얼마 후, 젖을 빨던 아기가 몹시 보채는 바람에 주노의 젖이 몇 방울 땅에 떨어졌고 그 자국에서 향기로운 백합꽃이 피어났다.

옛날 아리스라는 소녀를 탐내는 못된 성주가 있었다. 아리스는 갖은 방법으로 성주의 손아귀를 벗어나려고 애쓴다. 하지만 힘이 모자랐다. 그녀는 성모마리아께 간절한 염원을 담아 기도하였고, 성모마리아는 순결한 아리스를 백합꽃으로 피어나게 한다.

백합은 서양에서 '성모 백합'이라는 의미의 마돈나 릴리로 불린다.

성모마리아의 순결, 또는 희생을 상징하는 꽃으로도 알려져 있다. 흰색의 고결함을 자랑하는 백합은 때로는 고고하게 때로는 애잔하게 자신의 모습을 드러낸다. 꽃 중에서도 남다른 의미와 자태를 지닌 백합을 언젠가부터 좋아하게 되었다.

오래전의 일이다. 아이를 전학시키러 온 학부모가 정원에 핀 꽃을 꺾어왔다며 한 아름의 백합을 교무실에 놓고 간다. 구석에 있던 화병에 아무렇게나 통째로 꽂아 놓았다.

급한 업무를 처리한 후에 다시 자리에 돌아오니 화병이 눈에 들어온다. 꽃들이 제각각 다른 방향으로 향해 있다. 꽃송이를 가지런히 햇빛이 드는 쪽으로 돌려놓고 싶어 이리저리 만지작거린다. 하지만 고개를 좀처럼 돌려주지 않는다. 그만 포기할까 하다가 유독 아래로 향한 꽃 하나에 손을 대 보았다. 잘 살펴보니 고개를 빳빳이 치켜든 다른 꽃과는 다르게 왜소하다. 약간 기가 죽어있는 것 같기도 하다. '고개를 당당히 들어보렴, 내가 도와줄게.' 조심조심 그를 일으켜 세웠다. 그런데 어느 한순간 목이 그만 똑 부러지고 말았다. '아휴 이걸 어쩌나, 아직 짝도 만나지 못했을 텐데….'

그러고 보니 이게 암꽃인지 수꽃인지 궁금하다. 자세히 살펴본다. 여섯 장의 갈래 꽃잎이 노랗고 하얀 꽃술을 둘러싸고 있다. 노란 꽃밥을 달고 있는 수술대들은 짧고, 크림색 왕관을 쓰고 있는 암술대는 기다랗다. 이 꽃이 저 꽃이고, 저 꽃이 이 꽃 같다. 꽃마다 똑같이 보여 도무지 구별이 안 된다. 마침 식물 박사 J 선생이 들어오기에 물어봤다.

"선생님, 백합은 암수 꽃을 어떻게 구별하나요?"

"이 꽃은 한 송이 안에 암수가 다 들어 있답니다. 에구머니나, 이건 왜 꺾였대? 혹시 억지로 세워놓으시려다…?"

무안해하는 내게 J가 열심히 설명한다. 다른 꽃은 암수가 꽃 하나에 모두 들어 있더라도 수술이 암술보다 길어서 수분受粉이 잘 된다. 곤충이 꽃 안에 무사히 안착할 수 있기 때문이다. 하지만 백합은 암수 길이가 반대여서 꽃의 자태가 친구들보다 빼어나지 못하면 곤충을 끌어들이지 못하고 만다. 경쟁에서 밀려나는 것이다. 그래서 백합은 자기 꽃에서 만들어진 꽃가루라도 받아먹을 수 있는 자가수분의 방법을 선택한다.

J의 설명을 듣고 나자 더욱 호기심이 발동하여 옆으로 누운 꽃 속을 살펴보게 되었다. 꽃의 가운데 화심花心에는 암술이 있고, 그 둘레에는 여섯 개의 수술이 꼿꼿이 서서 암술을 보필하고 있다. 생명의 세계에는 어디서나 암수의 조화가 오묘하다.

백합의 속명Lilium은 라틴어의 '희다(li)'와 '꽃(lium)'의 합성어이다. 모든 꽃은 종족보존을 위해 목숨도 불사한다. 제멋대로인 것 같지만 각자의 방식대로 생명을 일구어가며 보존해 간다. 누군가의 부재에서조차 존재로 만들고, 절망에서 희망을 만들어내는 굳은 의지로 저만의 삶의 향기를 피워 올리는 것이다. J 선생에게 뜬금없는 질문을 해 본다.

"선생님은 왜 결혼 않고 혼자 지내고 있으세요?".

"저는 허상만 좇다 사십을 넘기고 말았네요. 남자들이 방랑자 같아서 쉽게 받아들이지 못했거든요. 누군가를 만나 생명의 향기를 피워 올린다는 건 정말 힘든 일인 것 같아요. 그래도 언젠가 제 가슴속에 떨어질 별 하나를 품고 삽니다."

백합 이미지가 J 선생에게 포개졌다 떼어졌다 한다. 백합을 바라보면 꽂꽂하게 되살아나는 생명의 향기를 느끼곤 하는데 J도 그렇다. 백합은 흰옷을 입은 천사 모습 같기도 하고, 날마다 새 생명으로 부활하는 꿈 같기도 하다. 어지럽게 돌아가는 세상에서 순결한 별 하나를 간직하고 산다는 게 얼마나 다행스러운 일인가.

벌들이 백합 주위에서 윙윙거리고 있다. 꽃에 몸통을 툭툭 부딪치다가 사뿐히 내려앉자 꽃잎이 놀라서 잠시 경계하는 듯하다. 나는 유난히 큰 벌 한 마리를 살핀다. 벌은 몸을 빠르게 흔들면서 꽃밥을 터트리려고 무진 애쓰고 있다. 꽃가루가 나오지 않자 이번엔 혀를 내밀어 꽃밥에 찔러본다. 만약 꽃밥 터트리기에 성공하면 꽃가루를 자기 몸에 묻혀 다른 꽃에 날라다 주거나, 바람이 멀리 실어 나를 것이다.

자유를 찾아 무한히 돌아다니는 꽃가루는 방랑자다. 그는 종족 번식과 찬란한 번영을 위해 돌아다닐 수밖에 없다는 듯 이리저리 날아다닌다. 한곳에 정착하지 못하고 탐험을 계속하면서 나아간다. 새로운 짝을 찾아 오늘도 멀리멀리 날아가려 한다. 인간의 세계에서든 생물의 세계에서든 암컷과 수컷은 서로 짝을 이루고 번식하는 게 생명의 본성인가 보다.

정원 한구석에서 혼자 새 생명을 키우고 있는 백합과 사랑에 빠지다 보니 하늘에는 별이 하나둘 돋아나고 있다. 백합도 벌도 떠나야 할 시간이 다가온다. 그리움의 시간은 길고, 가야 할 시간은 짧다. 문득 아이들이 그리워진다. 백합꽃 향기 가득한 식탁 주위에 함께 둘러앉아 도란도란 식사하고 싶다. 밤새도록 모닥불을 피우며 손녀와 별을 헤아리고 싶다.

어릴 적, 집 정원 모퉁이에서 풍겨오던 백합 향기를 아직도 잊을 수 없다. 외할머니와 아버지 어머니가 함께 앉아 백합의 모습을 바라보던 정원은 아직도 내 마음에 생생히 살아있다.

수선화에게

그리스신화에 나르시스라는 목동 이야기가 있다. 양떼를 몰던 그는 어느 날, 호수에 비친 자신의 얼굴에 반하고 만다. 그는 세상에서 처음 보는 아름다운 사람과 사랑에 빠져 그 자리를 떠나지 못하다가 결국 죽고 말았다. 나르시스가 죽은 그 자리에서 돋아난 꽃이 바로 수선화(narcissus)다.

수선화에 얽힌 사연은 신화 속 이야기에만 그치지 않는다. 수선화는 외로운 제주섬에서 십여 년간 유배 생활을 했던 추사 김정희가 가장 아끼던 꽃이다. 선녀처럼 고운 수선화를 설중화雪中花 또는 지선地仙이라고도 했다. 쉰다섯에 제주로 유배 온 추사는 대정 들녘에 지천으로 피어난 수선화와 사랑에 빠져 이렇게 읊는다.

"한 가닥 얼어붙은 마음 이제 송알송알 피었네/ 그윽하고 담담하여 냉철하게 빼어난 기품이라/ 매화는 고상하지만 뜰을 벗어나지 못하는데/ 맑은 물가에서 진정 해탈한 신선을 보는구나."

세상과 격리된 추사는 고독에 맞서 싸우면서 자신을 지키려고 무진 애썼을 것이다. 호수에 비친 사람과 사랑에 빠진 나르시스처럼 그도 수선화의 고고한 자태와 그윽한 향기에 취해 마음의 위안을 얻지 않았을까.

귀양을 와보니 육지에서는 귀한 수선화가 제주에는 사방에 널려 있었다. 겨울에 피기 시작하여 삼사월이면 절정에 이른다. 산이나 들, 밭둑 할 것 없이 일망무제의 흰 구름 같이 무리 지어 피어있었다. 추사는 현무암 담장 밑으로도 보리밭 두둑으로도 무덕무덕 피어나 향기를 더하는 수선화에 감동하여 권돈인 대감에게 이렇게 쓴다. "정월 그믐에도 피어나 새로 내린 봄눈 같기도 합니다."

추사는 제주 사람들이 수선화를 그저 귀찮은 잡초쯤으로 여겨 마구 뽑아버리는 모습에 "어떤 사물도 제자리를 얻지 못하면 이런 곤궁한 처지에 놓인다."며 비관하고 한탄스러워했다. 수선화가 귀한 꽃인 줄도 모르고 쇠꼴과 함께 농부의 손에 잘려나가는 모습이 위리안치된 자신의 처지와 비슷해 보였을지 모르겠다. 제주에서는 추사가 사랑한 토종 수선화를 '물마농(말의 마늘)'이라 하여 하찮게 여겼다.

토종 수선화의 꽃잎은 오목하여 깊고 청초하다. 꽃도 한 줄기 끝에서 여러 송이가 한데 어우러져 피어나고 맑은 향기가 있다. 하얀 꽃은 크지도 작지도 않아 단아하고, 향기도 결코 지나침이 없이 은근하다. 겨울이 한창일 때도 초록 잎 사이로 꽃대를 꼿꼿이 올려 꽃을 피워내는 생존의 치열함이 있다.

영국의 계관시인 윌리엄 워즈워스는 호숫가에 핀 수선화에서 영감을 얻어 〈수선화〉를 지었다. 이 시에서 시인은 수선화로부터 기쁨을 얻고 마음에 평온을 주는 자연의 무한한 힘을 노래한다. 일생을 자연과 함께하다시피 한 그는 자연 속에서 영감을 얻고 많은 시를 지었다. 〈수선화〉 역시 호수 지역으로 유명한 얼스워터 주변을 산책하다 지은 시이다. 수선화를 바라보면서 시인은 "나는 유심히 바라보고 또 보았노라/ 그러나 이러한 장관壯觀이/ 어떤 값진 것을 가져다주었는지/ 나는 미처 알지 못했노라."고 노래한다.

영국에서는 수선화를 바라보면서 '기사도 정신'을 흔히 떠올린다고 한다. 수선화의 '자기 사랑'의 정신이 존경과 무한의 사랑을 연상시키기 때문이라는 거다. 나에게 오직 한 사람뿐인 당신이 있고 내가 당신과 함께할 때 빛을 발한다고 생각하는 건, 바로 영원한 사랑의 맹세를 하는 것과 같다. 이 세상에 '영원'이란 존재하는가. 인생도 사랑도 시간이 지나면 결국 쇠락하고 말 것이다.

하지만 수선화의 청아한 꽃망울과 마주하노라면 마음이 편안해진다. 속세의 번잡함을 뛰어넘어 마음은 평화롭고 잔잔해지는 것이다. 내 마음을 토닥여 주는 수선화는 단순히 바라보는 즐거움을 넘어 마음을 달래주는 '정신적 위안자'로 자리매김하고 있다.

어느 꽃인들 자신의 모습을 바라보면서 도취하지 않는 꽃이 있으랴. 인간도 마찬가지다. 이 세상에 나르시시스트가 아닌 인간이 있을까. 하루에도 몇 번씩 거울을 들여다보면서 자신의 모습을 확인한다.

수선화는 단순히 자신에 도취해서라기보다 자신을 되돌아보기 위해 '자기 사랑'에 빠지는 것 같다. 꼭 예쁘거나 잘나서가 아니라, 많이 가져서가 아니라, 그저 자신을 되돌아볼 수 있다는 게 중요하지 않겠는가. 그러면서 인생과 세상을 새롭게 바라보고 생각할 수 있는 게 아닌가.

한라산과 오름 사이를 떠도는 구름처럼, 외로이 헤매고 다니다가 여기저기 피어있는 하얀 수선화를 만나곤 한다. 미풍에 한들한들 춤을 추며 매혹적인 향기를 뿜어대는 토종 수선화. 추운 겨울 올레에, 누군가의 집 마당과 담벼락에 피어나는 수선화를 바라보며 나는 사랑에 빠진다. 찬바람이 매서운데도 뜨락 한쪽에서 소담스러운 꽃을 피우고 있는 수선화. 저토록 연약한 줄기로 어쩜 저리도 강인한 꽃을 피울까.

수선화의 꽃잎이 활짝 피었다가 쇠락해가는 날, 나도 그를 여윈 설움에 잠긴다. 신화 속에서 수선화로 환생한 나르시스는 부드러운 흙의 알몸만 껴안고 자신이 혼자였음을 새삼 깨닫는다. 그는 이제 이 세상 보이지 않는 구석 어딘가에서 홀로 쓸쓸하고 허망한 자기 사랑의 결말을 전할 것이다. 마른 수선화의 모습을 바라볼 때면 가슴 아프다. 이 세상을 그리 훤하게 밝히고 내 마음을 그리 설레게 하던 꽃이 지고 있다.

세상의 모든 건 혼자 남아 주검이 되어 사라지고 잊혀가는 존재가 된다. 이제 수선화처럼 내세울 '자기 사랑'도 '고결함'도 자꾸 사라져 간다. 세월에 더하여 내 삶에도 더께가 자꾸 쌓여간다.

정호승 시인은 〈수선화에게〉에서 "외로우니까 사람이다/ 살아간다는 것은 외로움을 견디는 일이다."고 했다. 떠나버린 시간, 떠나버린 사람이 몹시 그리워지는 휴일 오후다. 수선화가 노을에 질 때, 거울 속에 비친 내 모습을 바라보며 사랑에 빠져본다.

소박한 정원

오랫동안 꿈꾸던 화단과 텃밭이 자리를 잡았다. 넓지도 않은 열댓 평에 불과한데 이곳에서 소박한 꿈과 작은 세계가 펼쳐진다. 정원 일의 즐거움은 일상을 초월한다. 풀을 뽑아주기 위해 잠시 정원에 나갔다가 화초들의 모습에 홀려 한나절을 보내는 경우가 허다하다. 막대기 같던 묘목에서 뾰족이 고개를 내민 새싹들, 수줍게 솟아오르는 꽃봉오리들, 이제 막 피어난 꽃들의 수런거림은 나를 행복하게 만든다.

정원을 꾸리면서 느끼는 창조의 기쁨은 그 무엇과도 비교할 수 없다. 현무암에 어울리는 꽃나무와 짝을 지어주고 과실나무와 꽃들도 피어나는 계절과 크기, 색깔을 고려하여 터를 다시 잡아준다. 정원이 어느 정도 조성될 때까지는 시간이 더디 흘렀다. 서둔다고 빨리 되는 게 아니다. 여기에도 느림의 미학이 요구되었다. 나무와 꽃들은 생각처럼 쉽게 자라주지 않는다. 아무리 정성스레 심었어도 자리를 잡을 때까지는 많은 시간과 인내가 필요하다.

어느 후배가 건네준 해바라기 씨앗 열 개도 정성스레 심었지만 좀처럼 소식이 없었다. 그러다 한참 만에 다섯 개만 고개를 내밀었는데, 그중 둘은 새까만 머리를 아예 땅바닥에 처박고 있다. 싹이 나오기만을 기다리다 지친 어느 날, 씨앗이 묻혀있던 곳을 뒤집어 봤다. 그런 과정에서 여린 싹에 상처를 내고 말았다. 내 급한 성미가 화근이 되고 만 것이다. 그래 미안하다, 조바심내지 않고 느긋하게 지켜볼 테니 네 삶의 속도대로 크려무나.

한 생명의 탄생이라는 성스러운 의식을 너무 가볍게 생각했다. 꽃과 나무의 성장에는 바람과 햇빛 그리고 기다림의 시간이 필요하다. 무언가를 뿌리면 빨리 거두고자 하는 인간의 조급함이 정원에서인들 어찌 예외겠는가. 그 조급함이 우리네 삶을 얼마나 바쁘고 힘들게 만들고 있는지 뻔히 알면서도 느긋해지기가 쉽지 않다.

씨앗에서 꽃이 피고 열매 맺고 다시 씨앗이 되는 느리지만 정직한 순환을 인간은 참지 못한다. 그러기에 온갖 무리한 방법으로 성장을 촉진 시키면서 생명의 원리를 파괴하고 있다.

나는 정원을 만들면서 화초들과 약속했다. 화학적인 비료나 농약을 사용하지 않겠노라고. 엊그제도 발효된 음식물 찌꺼기를 흙 속에 듬뿍 묻어줬더니 꽃들이 날마다 방실거린다. 농약을 한 번도 살포하지 않았지만, 텃밭에는 고추, 가지, 토마토가 주렁주렁 달려 있다. 토양이 튼실해지니까 씨앗이 표면에 떨어지기만 해도 싹이 트고, 꽃들도 새로운 봉오리로 가득하다. 내가 고마운지 곁에 가기만 하면 키득거린다.

정원은 향연이 펼쳐지는 흥미진진한 무대다. 주인공들이 주기적으로 바뀌는 다채로운 장이다. 요즘은 동백과 산수유, 아로니아와 라일락, 작약과 목단, 불두화와 철쭉이 활짝 피어 벌과 나비를 불러들이고 있다.

정원에 있으면 저마다의 다른 매력에 빠져 시간이 가는 줄 모른다. 화단 앞의 두 나무만 봐도 그렇다. 목련은 도도하다. 청순하면서도 우아한 공주 같다. 자신의 모습에 도취한 듯 은근한 미소를 지닌다. 새하얀 봄의 전령사로 고귀함과 우아함 같은 예쁜 꽃말을 독차지하고 있지만 슬픈 사연을 간직하고 있다. 그녀는 멋있는 남자들의 숱한 구애에도 바다 건너에 있는 외딴 남자만을 짝사랑하다가 죽고 말았다. 꽃들이 간직한 전설과 설화는 아름다우면서 애잔하다. 나는 애처로운 목련 앞을 서성거리고 있다.

목련 옆의 대추나무는 무뚝뚝하기 이를 데 없다. 꽃나무들이 온갖 색으로 피어나 부산을 떨어도 빳빳한 가시를 세우고 끄떡도 하지 않는다. 팽나무나 느티나무의 균형미나 위용을 갖추지 못했으면서도 당당하다. 제멋대로 뻗은 가시도 볼품없고 더군다나 느림보다. 비슷한 시기에 심은 자두와 살구, 복숭아와 아기사과 나무가 싹을 활발히 틔울 때도 이놈은 생기조차 돌지 않았다. 단오를 앞둔 어느 날, 급기야 삽을 들고 그 아래를 서성이는데 새끼손톱만 한 싹이 뾰족이 돋아나고 있지 않은가. 얼마나 반갑고 가상하던지! 지금은 잎이 무성해져 하루가 다르게 자라고 있다.

나무는 나의 벗이다. 나무에 귀를 기울이고 있으면 마음이 편안해진다. 나무는 설교하지 않고 내가 아파도 특별한 처방을 내리지 않는다. 하지만 삶에 대하여 근원적으로 성찰하게 만든다. 나무와 벗할 때면 몸에는 따뜻한 피가 흐르고 가슴속도 넉넉해지는 것 같다.

나를 치유해주는 꽃과 나무들은 단순한 삶을 살고 있다. 그들은 돈을 벌기 위해, 남보다 앞서기 위해 다른 사람을 넘어뜨리려 하지 않고 헛된 재물과 명예를 좇아 내달리지도 않는다. 삶이 서글퍼져 더는 버텨내기 힘들 때 그들이 내게 주는 속삭임은 소중하다.

저녁노을이 내려앉는 어스름에 비가 내리기 시작한다. 저 멀리 마을에서 개 짖는 소리가 들려오고 있다. 나는 이 소박한 정원에서 깊은 사색에 잠긴다.

눈 위의 발자국/다정한 목소리로/두브로브니크의 블루/슬픈 바닷새/
꽃 멀미/섬진강의 봄/'성가족성당'의 낮잠/손녀의 꽃반지/
기다리는 붉은 꽃잎 /노을에 머물다

눈 위의 발자국

동창들 몇이 주말에 삼의악에 오르기로 했다. 등산 날이 가까워 일기예보를 다시 살핀다. 날씨는 여전히 '흐림 또는 맑음'이다. '그사이 설마 변수가 생기진 않겠지.'

며칠 전부터 비바람이 몰아치기 시작한다. 하루 전날이 되었는데도 멈출 기미가 보이지 않는다. 모임을 취소해야 하나 말아야 하나. 전화가 바삐 오갔고 그냥 강행하기로 한다. 드디어 토요일 새벽, 사방이 어둡다. 바람은 가라앉았지만, 비가 내리고 있다. 아쉽지만 산행을 포기해야겠다고 마음먹고 있는데 정오가 지나자 비가 그친다. 한 시간 앞도 가늠할 수 없는 삶이다. 삼의악으로 향한다.

말들이 한가롭게 풀을 뜯는 삼의악 초원을 앞만 보며 걷고 있다. 거미줄에 맺힌 이슬이 햇살에 반짝인다. 어디선가 갑자기 '컹컹 커겅 커겅' 하는 소리에 바짝 움츠러들었다. 뒤따라오던 남자가 웃으며 말한다. "무서워 맙서, 저건 들개 소리가 아니고 노루 소리니까." 풀만 뜯어 먹는 날렵한 노루가 저런 소리를 내다니. 도무지 믿기지 않는다.

길 양쪽으로 조릿대가 무성하다. 발목으로 이슬이 올라올까 봐 조심조심 걷고 있는데 어디서 바스락 소리가 난다. '뱀이 스르르 지나가는 소리?' 간담이 서늘하다. 우습게도 눈앞에 쫑긋 나타난 건 눈망울이 맑은 새끼 노루 두 마리다.

새끼노루는 우리를 한참 살피더니 엄마 아빠가 풀을 뜯는 초원으로 가볍게 뛰어간다. 한라산 기슭 너른 품 안에서 노루 가족이 평화롭게 노닐고 있다. 저렇듯 유순한 노루의 어디에서 그렇게나 크고 거친 소리가 나올까. 저들은 우리가 가까이 가든 말든 아무런 경계심도 없다. 그러다 우람한 남자들이 나타나자 숲으로 후다닥 사라진다.

노루와 헤어져 한 시간쯤 걸었을까. 하늘이 우중충해지면서 함박눈이 푸들푸들 내리기 시작한다. 하늘을 향해 두 팔을 흔들며 다들 야단법석이다. 바람의 등에 업혀 내려온 눈이 손바닥과 머리에 사뿐사뿐 앉는다. 함박눈은 하염없이 내려와 나무 위에도 소복소복 쌓여 백설 나무를 만들고 있다.

눈이 내리면 마을과 사람들은 조용히 눈을 맞이한다. 내가 걸어온 길도 가야 할 길도 모두 눈 속에 누워버린다. 하늘을 헤치고 내려오는 눈 속에서는 세상의 모든 것이 훤히 보인다. 간간이 박새 소리가 들리고, 개 짖는 소리도 들린다. 눈 위를 펄쩍펄쩍 뛰어다니는 강아지 모습도 보인다. 저들처럼 폴짝거리며 눈밭에서 뒹굴고 싶다. 모든 시름 다 팽개쳐놓고 실컷 뛰어다니고 싶다. 이런 설경을 어디에서 다시 만날 수 있으랴.

한 친구가 눈밭으로 뛰어나간다. 멀거니 산야山野를 바라보고만 있던 우리도 와르르 달려나간다. 꽁꽁 싸매둔 마음의 빗장을 열어젖히고 그동안 쌓인 더께를 눈밭에 훠이훠이 날려 보내고 싶다. 설경 속에 온전히 몸을 맡긴다. 누가 먼저랄 것도 없이 원시로 돌아가 있다. 하늘나라에서 살다가 이 땅으로 내려온 눈을 맞이하며 모두 하나가 된다.

몸이 점점 하얘지면서 마음도 백지처럼 하얘지고 있다. 갑자기 영혼이 포근해지는 느낌이다. 어느새 어머니의 품속에 안겨 있는 듯 평안하다. 세상은 어느새 설원雪原이 되고 그 위로 눈이 끊임없이 내린다. 눈도 쌓이고 침묵도 쌓이고 있다. 발자국 하나 찍히지 않은 원시의 설원이 막막하게 하얗다. 저들의 하얀 생애 속에 뛰어들어 천 년의 백설로 눕고 싶다.

소복이 쌓인 눈 속에 얼굴을 들이밀어 모양을 찍어낸다. 그 모습을 바라보면서, 누구는 석고상 같고 누구는 하회탈 같다며 한바탕 웃음이 지나간다. 하회탈 위로는 눈이 계속 쌓여가고 그들이 남긴 발자국은 선명하다. 설원 위로 뚜렷하던 발자국은 금세 자취를 감추고 있다. 우리도 언젠가 저렇게 사라져갈 것이다. 저 끝은 어디일까.

멀리 보이는 한라산에서 안개가 걷히고 있다. 한라산이 삼의악을 흐뭇하게 내려다보는 것 같다. 자식을 바라보는 자애로운 모습이 영락없는 어머니 얼굴이다. 화산 폭발로 형성된 한라산은 삼백칠십여 개의 오름을 거느리고 있는데, 삼의악도 그중 하나다.

사방은 어느새 저녁 어스름에 젖어 들고 있다. 은은한 저녁 햇살이 초원을 노랗게 물들인다. 노을 속으로 결결이 흘러 들어가는 오름의 물결들. 하얗게 핀 찔레꽃 향기도 물결을 따라 번지고 있다. 아무리 혹독한 비바람이 몰아쳐도 때가 되면 으레 꽃을 피우고 열매를 맺는 것이 자연의 이치다. 자연은 어디서나 그의 발자국을 남기고 있다. 그 발자국은 오랫동안 선명하다.

집에 돌아와 따끈한 차를 마시고 있다. 해발 오백 미터 고지인 집에서 빈둥거리며 고립된 며칠을 보내기로 작정한다. 때로는 속세와 단절하고 고립된 시간도 필요하다. 하늘은 잔뜩 흐려있지만 바람 한 점 없다. 백설이 분분히 날리면서 눈꽃이 부서져 내린다.

나무둥치를 뚫고 연한 새싹이 고개를 내밀고 있다. 앙증맞다. 싹이 나무 몸통 아래에서부터 돋아나고 있다. 혹독한 추위에 벌거벗고 지내면서도 자신의 피를 뿌리에서 가장귀로, 가장귀에서 또 작은 나뭇가지로 뿜어 올리는 모성애가 눈물겹다. 강추위가 맨살 나무의 세포 하나하나로 올올이 스며들 때마다 어떻게 견뎌냈을까. 죽어가는 살을 움켜잡고 속울음을 얼마나 삼켰을까. 남은 생명이라도 지키려고 오죽 몸부림을 쳤을까. 이웃집 사람들의 너울대는 담소가 정겹다. 생명 있는 모든 것은 나비처럼 너울댄다.

며칠이 지나 눈도 녹고 햇살이 진하다. 나비가 가벼운 날갯짓으로 이 꽃 저 꽃을 넘나들며 봄날의 오수午睡를 즐기고 있다. 저들에게는 한 치의 시름도 없어 보인다. 꽃의 아름다움에 취해 마냥 홍에 겨운 것 같다. 하지만 저들의 내면에도 고달픈 나날의 흔적은 담겨 있을지 모른다.

꽃밭에서 놀고 있는 나비들은 생의 가운데를 지나고 있다. 아마도 죽기 전까지 날갯짓은 계속될 것이다. 팔랑거리던 저 날개가 접어지는 날, 나비는 비로소 죽음을 맞이하리라. 나비는 날아야 한다. 죽는 날까지 날아야 한다. 나비는 날면서 흔적을 남긴다.

눈 내리는 밤, 조용히 커튼을 드리우고 촛불을 켠다. 고요하게 흐르는 음악 소리에 눈을 감아 본다. 소복소복 눈 내리는 소리를 들으며 음악을 들을 수 있는 시간은 얼마나 행복한가. 내가 걸어온 길, 가고 있는 길, 가야 할 길을 생각해 본다. 눈 위에 작은 발자국을 남기듯, 그 길에서 만난 사람들과 만나야 할 사람들의 얼굴을 그려본다.

다정한 목소리로

지리산 계곡은 처음이라 간밤에는 잠을 설치고 마음은 한껏 부풀어 올랐다. 마음은 벌써 깊은 계곡으로 훨훨 달려간다. 신호등을 막 지나는데 경찰관이 손짓하며 차를 세우라고 한다. 운전대에 앉은 친구도 들뜬 나머지 과하게 달렸나 보다.

"신호 위반했으니 면허증을 제시해 주십시오."

운전자가 당황하여 횡설수설하니 내 옆자리에 있던 친구가 나섰다.

"적색등이 아닌, 황색등일 때 지났는데 무슨 소리예요!"

외국에서 오래 살다 온 친구가 당당한 목소리로 큰소리치자, 나도 덩달아 대들었다.

"황색등일 때는 허용 아닌가요? 이러면 왜 황색등이 필요하겠습니까."

교통경찰관은 어이없다는 듯 냉소적인 반응을 보인다.

"허 참. 잘못을 인정하면 모를까, 이러시면 딱지를 끊는 수밖에 없습니다."

한참 실랑이를 벌였음에도 교통위반 딱지가 떼였다. 억울하다. 우리는 좀처럼 화를 가라앉힐 수 없어 근처에 있는 커피숍으로 올라갔다. 전망이 좋다는 꼭대기층이다. 커피를 마시며 사방을 둘러본다. 주차장에 차들이 빼곡하다. 눈으로 친구의 멋진 외제 차를 찾아봤다. 위에서 내려다본 승용차의 지붕은 그게 그거 같아 찾지 못하겠다. 그러다 어렵사리 겨우 찾을 수 있었다. 그런데 친구가 고심 끝에 샀다는 유선형의 날렵한 외제차가 아니고, 그저 밋밋한 사각형일 뿐이다. 보는 각도나 관점에 따라 이렇게 다를 수 있다니!

화가는 그림으로, 음악가는 소리로, 작가는 글로 자신들의 관점에 따라 느낌을 달리 표현한다. 세상을 바라보는 방식의 차이가 다른 예술을 만들어내는 것이다. 우리는 모두 진실을 좇으며 살아가는 것 같지만 허상을 좇는 경우가 대부분이지 않을까. 하나에만 집착하면 편견과 아집에 사로잡히기 마련이다.

커피의 진한 향에 마음을 녹이고 다시 차에 오른다. 자동차는 지리산의 맑은 물이 모여 이루어졌다는 오백 리 섬진강 옆을 달리고 있다. 연무 속에 아스라이 잠긴 강이 묵묵히 우리를 맞아준다. 지난 사월 화려하게 꽃 피웠던 벚꽃 십 리 길이 초록 잎으로 무성하고, 찬란한 꽃을 피웠던 산수유와 복숭아, 자두, 살구, 배나무도 지금은 꽃을 다 접고 열매 키우기에 여념이 없다. 그들은 서로 다른 모습으로 충실히 자라고 있다.

자동차는 몇 시간을 더 달려 신흥마을에 도착했다. 드디어 지리산의 한 귀퉁이를 걷는다. 길옆으로 아련히 피어있는 망초꽃이 우리를 반기고 감나무와 매실나무도 눈인사한다. 사색에 잠겨 지리산 옛길인 서산대사길을 걷고 있다. 계곡 물소리가 우렁찬 산등성이에 오솔길이 나타난다. 한참을 걸어 들어가자 급하고 험한 오르막 바윗길이 버티고 있다. 제주에서 나지막한 오름만 쉬엄쉬엄 다니던 체력으로는 여간 힘든 게 아니다. 어지간해서는 땀이 흐르지 않는 체질인데도 몇 번을 오르내리자 목덜미로 땀이 흐른다. 이참에 땀에 흠뻑 젖어 몸과 마음의 때를 씻어낼 수 있다면 좋으련만. 지리산 깊은 계곡으로 들어올수록 허세를 부리던 자신이 부끄러워진다.

마침내 목표 지점인 대성골에 도달했다. 산능선을 덮다시피 한 밤꽃과 울창한 숲, 그리고 살랑거리는 푸른 바람이 힘든 산행을 다독여

준다. 지리산 대성골은 그 옛날 빨치산과 국방군의 마지막 전투가 치열했던 곳으로 유명하다. 그들의 쫓고 쫓기는 모습이 골짜기 곳곳에서 재현되고 있는 듯하다. 당시 왜 그들은 서로를 죽이는 일에 그다지 몰두했을까. 숨가빴던 전투를 기억이나 하듯이 산등성이 사이사이로 새하얀 운무의 물결이 피어오르고 있다. 높고 깊은 지리산이 우리에게 다정한 목소리로 속삭인다. "따끈한 쑥부침개에 막걸리 한 잔, 어떠세요?"

우리는 지친 몸을 풀며 막걸리를 곁들였다. 감동에 젖어 마시는 막걸리 맛이란! 철철 흘러넘치는 계곡물을 받아 씻은 상추며 야생 나물무침도 일품이다. 바람에 실려 오는 밤나무꽃의 야릇한 냄새와 쫑알거리는 새소리, 콸콸대며 흐르는 계곡물 소리까지 더해지니 신선놀음이 따로 없다. 모두 지리산의 정취에 흠뻑 빠져든다. 계곡과 나무가 하나가 되고 옆 테이블의 일행과 우리도 하나가 되어 이야기꽃이 무르익어 간다.

산은 묵묵히 자신의 모습을 간직하고 있건만, 사람의 모습이나 말은 각양각색이다. 성격에 따라 살아온 배경에 따라 기분에 따라 보드라운 봄바람이었다가 폭풍우를 몰고 오는 벼락이 되기도 한다. 인간만큼 가벼운 존재가 있을까. 시간의 변화에 따라 말과 생각이 달라진다. 어제와 오늘이 다르고, 아침과 저녁이 다르다. 간혹 사람들이 낮

설게 보일 때가 있다. 나 자신도 그렇다.

얼마 전 여권을 재발급받기 위해 안경을 벗고 사진을 찍었는데, 사진 속의 얼굴이 너무나 낯설다. 삶의 비애가 깊게 드리워지고 화가 잔뜩 나 있다. 내 얼굴은 내가 살아온 연륜이다. 주위의 반대에도 내가 옳다고 생각되면 그냥 밀어붙이며 살았다. 지나고 보면 내가 틀린 일이 많았음에도 당시에는 판단을 옳게 한다고 여겼다. 오랜 시간 오만과 편견에 빠져 큰소리를 내던 자신이 부끄럽다. 다정하게 말했으면 오죽 좋았을까.

크고 거친 소리는 타인을 화나게 하지만, 낮고 다정한 소리는 사랑과 연민을 낳는다고 한다. 다정多情, 얼마나 감미롭고 사랑이 넘치는 말인가. 서로를 배려하는 다정한 목소리로 사랑과 연민이 넘쳐난다면 여기저기에 인정이 흐를 것이다. 무더위가 기승을 부리던 여름날, 길거리에서 교통경찰관과 부질없는 실랑이를 벌였던 걸 생각하면 지금도 낯이 뜨거워진다.

두브로브니크의 블루

나는 두브로브니크로 간다. '꽃보다 누나'가 되기 위해서, 그리고 아드리아해의 진주가 되기 위해 두브로브니크로 간다. 발칸 반도의 꽃이라 불리는 크로아티아는 푸르디푸른 아드리아 해안선을 따라 길게 뻗은 나라다. 두브로브니크는 유럽 사람들이 가장 가고 싶어 하는 크로아티아의 아름다운 해안 도시로 잘 알려져 있다.

두브로브니크는 17세기 말에 지진으로 큰 피해를 입었으나 고색창연한 고딕 양식 건축물, 르네상스와 바로크 양식의 교회, 수도원, 궁전이 지금까지 잘 보존되어 있다. 내전이 일어났을 때 이 도시는 완전히 파괴될 위기에 처했다. 그러나 언론이 나서서 유럽 문명과 예술을 상징하는 이 고풍스러운 도시에 대한 포격을 중단하라는 강력한 항의로 간신히 살아남았다.

유고 내전이 한창이던 1990년대 초반에 나는 어떤 삶을 살았던가. 가정 살림과 학교생활에 허덕대며 하루가 어떻게 지나는지 모를 만큼 일상과 씨름하고 있었다. 유럽의 화약고, 발칸 반도의 인종 문제가 방송과 신문에 연일 나오고 있었지만 내게는 그저 한 조각 뉴스거리에 불과했다.

그랬던 내가 두브로브니크를 찾았다. 발칸은 눈부시게 아름다웠다. 자신들의 흔적을 지켜내기 위한 노력이 있었기에 오늘의 소중한 모습을 간직하고 있는 게 아닐까. 어디서나 그렇듯 오랜 역사를 지닌 사람들의 유적에는 삶의 여유와 품격이 배어있다. 길거리 건물 하나 하나에도 세월의 흔적이 남아 찬란하게 빛나고 있었다. 대리석이 깔린 플라차 거리, 렉터 궁전, 프란체스코 수도원, 스폰자 궁과 시계탑, 세르비아 정교회, 오란도 기사상과 성블레즈 교회, 시끄러운 거리 카페와 기념품 가게가 나그네를 정겹게 맞아준다.

아드리아해의 뜨거운 태양은 온몸을 바싹바싹 태우고 있었다. 낯선 세상에 대한 경외와 감흥으로 몸과 마음을 각성시키며 나를 태우던 그 날의 태양, 거리의 사람들, 그리고 그들이 만들어내는 풍경은 나를 행복하게 만들었다. 낯선 나라에서 사람들은 선명하게 나타났다 사라지는 풍경과 감각을 통해 새롭게 태어난다.

두브로브니크의 강렬한 햇빛이 피부에 와 닿는 느낌은 새로운 세상을 만나는 촉각적 경험이다. 모래알처럼 흩어져 있는 풍경과 사람과의 접촉을 통해서 새로운 만남은 이루어진다. 촉각과 시각과 미각의 경험은 낯선 세상과 사람들을 친숙하게 만든다. 진정한 여행은 단지 새로운 풍경만 보는 게 아니라 세상을 보는 새로운 눈을 가지는 것이라 한다.

더 넓은 세상을 보기 위해 성벽으로 올라갔다. 두브로브니크는 도시의 안녕을 위해서 성벽을 둘러친 도시다. 성벽에서 내려다본 두브로브니크는 중세 모습을 그대로 간직한 아드리아해의 진주였다. 성벽에서 내려다보이는 빨간 지붕과 흰 벽으로 이루어진 건물들은 절묘하게 레드와 조화를 이루고 있다. 성곽에서 바라본 붉은 색의 조화와 종합은 내가 한때 갈망했던 강렬한 삶을 연상케 한다.

젊은 시절, 내가 가장 좋아한 색은 빨간색이었다. 무지개색 중에서도 빨간색이 제일 좋았다. 레드는 내게 비극과 황홀, 운명 같은 근원적인 감정을 충동질하고 퍼덕대며 생동하는 강렬한 감정을 불러일으킨다. 미술전시회에 갔을 때도 생생함이 살아 숨쉬는 붉은색 캔버스 앞에 서면 형언할 수 없는 감정에 빠지기 일쑤다. 황홀하면서도 강렬한 색이 가져다주는 떨림은 열정을 불러일으키고, 그 선명함은 심장을 파고든다.

두브로브니크는 레드로 가득했지만 블루가 레드를 압도하고 있었다. 두브로브니크는 온통 푸르다. 푸른 바다는 지중해 어디서나 쉽게 볼 수 있지만, 속살을 훤히 드러내는 코발트색 블루는 이곳에서만 볼 수 있다. 두브로브니크에서 따라다니는 블루는 이상하리만치 더 강렬한 매력으로 다가온다. 강렬하되 천박하지 않고, 세련되되 화려하지 않고, 여유롭되 조급하지 않게 다가오는 두브로브니크의 블루! 두브로브니크에서는 은유의 채색으로 그 매력을 발산하는 블루의 향연에서 벗어날 수 없다. 블루는 내 유년 시절의 꿈이며 이상이었다가 이제는 중년의 우울이기도 하다. 하지만 블루는 버릴 수 없는 내 삶의 희망이다.

두브로브니크의 필로에 성문을 들어서면 빛나는 플라차 거리를 만난다. 두브로브니크가 아드리아의 진주라는 애칭은 바로 이 플라차 거리 때문이다. 15세기에 거리가 화강암으로 만들어졌고 오랜 세월 수많은 사람이 지나다니면서 거리는 반들반들해졌다. 태양이 내리쬐면 바닥이 마치 진주처럼 하얗게 반짝인다고 해서 붙여진 이름이다. 거리의 광장에는 사람들로 붐비고 있었다.

지중해의 오래된 거리에는 가슴을 거의 드러낸 중년 여인들이 곡선미를 한껏 드러내며 활보한다. 당당한 저 여인들은 지중해처럼 늘 푸름을 간직하고 있을 것만 같다. 비애의 그림자가 드리워진 나 같은 여인과는 상당히 달라 보인다. 몇 년 전부터는 내 영혼이 황폐해지고 있음을 느낄 수 있었다. 그동안 알게 모르게 많은 위악과 오류를 범해 왔다. 나름대로는 최선을 다하노라고 했지만 내 오만과 독선으로 많은 사람이 상처받았을 것이다.

노년으로 흘러가고 있다. 나이 듦 자체가 슬픈 게 아니라 삶이 무의미해질까 봐 그게 슬프다. 사물과 현상을 새롭게 생각하는 감각 능력이 사라져간다는 게 슬프다. 늘 그렇듯 내 비애와 상관없이 시간은 흘러가고 사람들은 저마다의 길을 간다.

지중해의 여인들은 눈부신 옷을 입지 않아도 찬란하고 자유롭게 보였다. 푸른 물결 넘실대는 이국땅 여인들은 삶이 왜 힘드냐는 듯, 어떤 힘듦도 푸른 물에 훌훌 흘려보낼 듯했다. 두브로브니크의 여인들은 지중해 푸른 물과 함께 흘러가면서 즉자적인 삶을 살고 있었다.

두브로브니크의 하늘과 바다는 수평선 저 너머로 아득하다. 저 아득한 풍경 속에서 새가 되어 푸른 하늘을 날고 물고기가 되어 푸른 물속을 헤엄쳐 다니고 싶다. 하지만 두브로브니크의 블루 속에는 내 초로의 우수만이 찰랑대고 있을 뿐이다.

슬픈 바닷새

자동차를 몰고 어딘가로 달려가는 중이다. 갑작스레 바뀐 적색 신호등에 잠시 멈춰 선다. 차창 유리를 통과한 햇살이 어깨에 내려앉는다. 오랜만에 마주하는 햇살이다. 길가에 핀 꽃들이 하도 고와 창문을 열었다. 밝은 햇살 아래에서 한들대는 꽃잎들이 싱그럽다.

제주시 구좌읍 월정리 바닷가에 도착했다. 달이 머무는 곳이라는 월정리 해변에는 잔잔한 바람이 살랑대고 있었다. 하얀 모래와 까만 바위, 에메랄드빛 바다와 흰색 포말을 일으키는 파도가 잘 어울린다. 내 삶과 달리 세상의 풍경은 저렇게 눈부시고 역동적이다. 파도가 밀려왔다 밀려가는 바다를 바라보고 있으면 갑자기 어디론가 정처 없이 떠나고 싶은 마음이 생긴다.

태양 가까이 날아가지 말라는 아버지의 당부에도 불구하고 훨훨 하늘을 날아간 신화 속 이카루스와 같이 어딘가로 날아가고 싶다. 저 바다 멀리 어딘가에는 새로운 터전이 있을까. 이 복잡한 일상을 넘는 신선한 세계가 있을까.

바위 위에 걸터앉아 맑은 바닷물에 손을 살며시 담가본다. 손가락 사이를 오가는 바닷물이 보드랍다. 찰랑대면서도 왜 여기까지 왔느냐고 묻지 않는다. 그저 묵묵히 내 손을 간질이며 포근히 감싸줄 뿐이다. 소매를 걷어 올리면서 점점 더 깊이 손을 담근다.

바다는 얼마나 머나먼 거리와 시간을 돌아 내 곁에 온 것일까. 파도는 흘러가는 시간의 흐름과 같다. 파도는 그냥 있지 않았다. 내가 조바심을 내는 동안에도 파도는 밀려갔다 밀려온다. 아득한 시간과 장소를 건너 지금 여기까지 오게 된 건 간절한 뭔가가 있었기 때문이 아닐까. 바다 물결이 햇살에 부딪히며 눈부시게 반짝인다. 이토록 아름다운 반짝거림은 물결과 물결의 부대낌 때문이다. 삶도 멀리서 보면 아름답게 보일 수 있지만 가까이서 보면 다르다. 하얀 파도가 다가와 "삶은 다 그런 거야." 위로하곤 차르르 사라진다.

얼마 전에 왔을 때는 짙은 감청색으로 큰 파도를 일으키며 화를 잔뜩 내던 바다가 오늘은 부드럽게 웃고 있다. 바다는 날씨에 따라 시간에 따라 빛깔과 모양이 달라진다. 하루에도 몇 번씩 일희일비하는 우리네 삶과 어쩜 이리 닮아있을까.

잔잔하던 바다에 다시 바람이 일고 있다. 바다가 전하는 바람의 소리에 귀를 기울여본다. 야외 음악당에서는 장필순의 〈나의 외로움이 너를 부를 때〉가 흘러나오고 있다. 왠지 모를 서러움에 울컥해져서 벤치에 몸을 추스르고 앉았다.

까르르 웃어대는 소리에 둘러보니 아이와 놀고 있는 외국인 부부다. 아이가 아빠 공을 빼앗아 도망가면, 아빠는 애를 쫓아가는 척하다가 일부러 넘어진다. 어느 나라에서든 아빠들이 아이들과 할 수 있는 놀이는 비슷한가 보다. 그들의 웃음소리가 넘실대는 파도와 함께 출렁인다. 아이 엄마는 물에 발을 담그고 조용히 지켜보고 있다. 그녀의 눈길이 바다에 내리는 햇살처럼 여유롭다.

소박하면서도 열정이 느껴지는 해변과 커피숍에는 젊은이들이 유독 많다. 낭만의 휴식처로 알려지면서 많은 사람이 전국에서 몰려들고 있다. 저마다 다른 모습이 해변에 가득하다. 바다에 뛰어드는 대학생들, 강아지와 산책하는 노부부, 맥주 파티를 벌이는 젊은이들, 해변에 누워 서로의 머리를 만져주는 청춘 남녀도 있다.

날씨가 으슬으슬해져서 커피숍으로 들어서는데 자지러지게 우는 소리가 들린다. 고개를 돌려보니 조금 전에 해변에서 깔깔대며 아빠와 놀던 바로 그 아이다. 자기 감정을 저렇게 맘대로 내보이며 울고 있는 녀석이 부럽다. 커피숍을 쩌렁쩌렁 울려대는 저 아이처럼 울고 싶을 때 실컷 울고, 화내고 싶을 때 속시원히 화를 낼 수 있으면 좋겠다. 나에게도 울고 싶을 땐 팍 울어버리던 어린 시절이 있었다.

하지만 나이가 들어가면서 아무때나 울어서도, 화를 내서도 안 되었다. 친구와 싸울 때도 울지 말아야 했고, 슬플 때도 이를 악물고 눈물을 삼켜야만 했다. 억울한 일을 당해도 속으로만 끙끙 앓았고 부당한 대우를 받아도 속으로 삭이며 살아왔다. 우린 무던히도 참는 법을 배우며 자란 세대인가 보다. 그래왔기에 속병이 쌓여 가슴 한가운데에는 묵직한 돌덩이가 들어앉아 있는 것인지 모른다.

바다에 오면 외롭지 않다. 여름에 이곳을 찾아왔던 수많은 사람 때문에 몸살을 앓던 바다가 지금은 조용히 누워 휴식을 취하고 있다. 모래밭에 누워 넘실대는 바다를 바라본다. 나도 오래 누워 저 바다처럼 어딘가로 갔다가 돌아오고 싶다. 노을 한 자락을 가슴에 품고 멀리 수평선을 바라보면 결국은 나 혼자만 남았다. 하지만 바다에서는 외롭지 않다.

노을이 지평선에 걸려 떨어지려 한다. 하늘도 구름도 바다도 온통 붉다. 해는 잠깐 사이에 바닷속으로 쑥 들어가더니 찬란하던 붉은색이 금세 사라지고 말았다. 노을이 번져 나가던 하늘은 하루를 또 그렇게 마감하며 어둠을 불러들이고 있다.

어둠이 고양이처럼 아주 천천히 다가오고 있었다. 자동차는 달렸고 어둠은 그 속도보다 느리게 오는 것 같았다. 조금씩 회색으로 진해지던 어둠이 어느 순간 칠흑같이 검어졌다. 어둠은 순식간에 찾아왔다.

자동차를 세우고 다시 바다를 가만히 바라본다. 밤은 두려움을 주지만 평온도 함께 준다. 바다는 나를 떠나보내기 아쉽다는 듯 일렁대고 있다. 바다여, 변함이 없는 바다여. 언제든 다시 찾아올게.

거대한 바다가 너른 품으로 나를 꼭 안아준다. 밀물과 썰물이 움직이고 파도에 씻긴 백사장에는 오늘도 사랑의 노래가 넘쳐나고 있다. 바다는 떠나가면서 내게 모든 것을 준다. 모든 걸 품고 누군가에게 줄 줄 아는 바다, 바다처럼 넉넉하고 지혜로운 마음을 우리는 배우지 못한다. 선한 것, 진실한 것, 아름다운 것을 목말라하면서도 함께 나누지 못한다.

밀려오는 파도는 깊고 어진 마음을 안고 다가온다. 어느 곳에도 마음 붙일 수 없어 날아온 바닷새 한 마리가 외롭게 내 머리 위로 날아가고 있다.

꽃멀미

섬진강 자락의 하동마을을 동생과 함께 걷고 있다. 비가 한차례 내리고 난 뒤의 산등성이에서는 짙은 안개가 피어오른다. 긴 가뭄 끝에 내린 단비를 들이켠 매화와 복숭아꽃, 살구꽃과 배꽃이 흙냄새를 맡으며 핑크빛 첫사랑을 나누고 있다. 나무 한 그루에 수백 송이의 꽃이 피어올라 보는 이의 마음을 황홀하게 한다.

아무리 무딘 사람의 오감五感도 저절로 살아나게 하고, 찌든 마음의 독소도 걷어내어 순수하고 원초적인 숨결로 돌아가게 하는 꽃 잔치. 나무와 풀과 꽃들의 숨결에 묻어 피어 올라오는 흙의 향내는 어린 시절에 맡던 냄새다. 꽃구름을 이룬 산등성이에서 꽃의 정령들이 사뿐히 내려와 하늘 저 멀리까지 나를 데려가 준다. 나는 어느새 어린아이로 되돌아가 있다.

봄날의 하동 일대도 내 어린 시절처럼 온통 풋풋하고 싱그럽다. 저마다의 매력을 발산하며 피어있는 꽃들과 팔랑대는 나비들로 가득하다. 나도 어느새 꽃이 되고 나비가 된다. 안개를 머금은 산등성이도 우리를 축복하듯 빙긋이 웃고 있다. 봄을 즐기러 온 사람들의 얼굴마다에도 미소가 가득하다. 꽃들도 사람들도 하나가 되어 살랑거리는 바람과 함께 하나가 된다.

화개장터 벚꽃축제가 열리는 날, 바람 끝이 맵긴 해도 온갖 꽃들이 피어나 바람과 어우러지고 있다. 오래전부터 꽃잎을 연모해 오던 봄바람이 새초롬한 꽃들에게 보드라운 숨결을 불어넣어 준다. 활짝 피어있는 꽃잎보다 갓 피어나는 꽃잎에 바람이 더 오래 머물러 있음은 아직 푸른 꿈이 그 속에 서려 있기 때문일 것이다.

하늘대는 진달래 꽃잎이 하도 고와 한참을 들여다보고 있으니 나비가 날아와 같이 놀자고 속삭인다. 안개가 촉촉이 스민 사이로 눈웃음을 보내며 화사하게 단장한 진달래꽃과 새싹들의 숨바꼭질이 어여쁘다. 광대나물꽃은 작은 꽃잎 속의 지도를 내보이며 벌들을 유혹하고, 다른 야생화들도 바람의 간지럼에 교태를 한껏 부리고 있다.

봄볕이 따스한 양지쪽에서 피어난 그들은 서로 수런거리며 주위를 환하게 밝혀준다. 한 줄기 바람이 지날 때마다 나뭇잎은 물방울을 털어내느라 분주하고 황톳길에는 생명의 소리로 가득하다. 굽이굽이 펼쳐진 황톳길 사이로 벚꽃 숲길이 끝없이 펼쳐져 있다. 벚꽃의 연분홍 단장은 온통 마음을 설레게 한다. 화사한 단장을 하고 나타나 내가 언제 꽃단장을 했더냐는 듯 시침을 떼는 모습이 영락없는 봄 처녀다.

나무들 사이를 오가는 작은 산새들도 포로롱 포로롱 봄 처녀 주위를 떠나지 못하고 있다. 봄바람에 실려 옥이 구르듯 노래하는 새소리엔 희열과 기쁨이 담겨 있다. 새소리에 일렁이는 꽃잎들이 살랑살랑 춤추며 내려앉고 있다. 내 머리에도 길에도 평상에도 꽃잎이 소복소복 내려앉아 온통 꽃 세상이다. 봄은 수북한 꽃을 몰고 와서 나에게 길을 열어 주고 영혼을 들썩이게 한다. 꽃머리, 꽃길, 꽃평상….

봄의 새들은 희망과 사랑의 노래를 부른다. 그 노래 속에는 꽃과 나무와 벌레들의 영혼이 담겨 있다. 그 소리는 영혼의 귀와 마음을 활짝 열어야 들린다. 바쁜 걸음으로는 안 보였던 꽃들도 느긋한 마음으로 눈을 여니까 들어오고 있잖은가. 봄은 더뎌도 천천히 내 곁으로 다가오고 있었다. 발아래에는 냉이꽃, 쇠별꽃, 봄까치꽃 같은 새끼손톱만 한 작은 꽃들이 지천이다. 무심코 딛는 발길에 꽃이 다칠까 봐 조심조심 걷는다.

얼마를 걷다 보니 눈송이 모양으로 소복소복 노란 꽃을 피운 산수유나무가 나타났다. 제주에서는 좀처럼 볼 수 없는 꽃이기에 하도 기특하고 반가워서 "아, 산수유!" 했더니 산수유도 그에 화답하며 활짝 웃는다. 산등성이 너머에서 두릅을 따고 있던 아낙이 "두릅이 연하게 올라왔는데 좀 잡숴 보소." 하며 내 가방에 눌러 담는다. 봄날에 실린 후한 인심이 새봄을 피워 올리는 꽃과 닮았다.

어디선가 풋풋하고 은은한 꽃향기가 흘러온다. 문득 '화향백리花香百里 문향만리文香萬里'라는 말이 떠오른다. 화향 짙은 섬진강의 봄바람에 실려도 새치가 돋아나고 나의 글도 내 언저리에 떠돌기만 하고 있다는 생각을 하니 서글프다. 하지만 누가 알랴, 내 글의 향기도 만리를 갈 수 있을지.

갑자기 꽹과리 소리가 왁자하다. 사람들이 떼거리로 몰려있는 그곳으로 향했다. 각설이타령이 한창이고, 반대편 무대에서는 음악회를 위한 연주곡 리허설이 한창이다. 동생이 무대에 올라서인지, 음악이 오롯이 음악으로 다가온다. 음악을 오로지 음악으로 듣는 것, 풍경을 오로지 풍경으로 보는 것, 꽃을 오로지 꽃으로 즐기는 것, 이것이 아무리 가벼움일지라도 나는 기꺼이 이들과 소통하며 함께할 것이다.

사람이 무언가를 사랑한다는 것은 대상과 자신을 소통시키고 동일시하는 것이다. 내가 지금 바라보는 풍경이 가슴 속에서 영원으로 이어질 수 있다면 얼마나 좋을까. 섬진강의 아름다운 봄날에 취해서인지 이들이 모두 나를 일깨우기 위한 축제를 벌이고 있다는 생각이 든다. 생동하는 봄날은 분명히 내 영혼을 새롭게 일깨우고 있다. 이 무구無垢와 영원은 얼마간 내 삶과 글의 울타리가 되고, 든든한 뿌리가 되어줄 것이다. 철학자 니체는, 가장 훌륭한 여행자는 자신이 체험한 것을 모두 체득해서 그것을 몸에 지니는 사람이라고 했지만, 글쎄….

어느새 해가 서산으로 뉘엿뉘엿 기울기 시작한다. 저무는 섬진강에는 물안개가 자욱하다. 징검다리에 쪼그려 앉으니 물소리가 귓전 가득하다. 수많은 꽃이 피고 지는 동안 얼마나 많은 사람이 이 강가에서 서성였을까. 온종일 너무 많은 꽃들을 바라보고 나니 향기에 취해서 꽃멀미가 나는 것 같다. 너무 아름다운 것은 어지럽고 아픈 것이다. 그렇지만 아무리 보아도 싫지 않은 꽃을 보면서 나는 더욱 이 세상을 사랑해야겠다는 마음을 다진다.

봄이 되어 꽃이 핀다고, 가을이 되어 꽃이 진다고 얼마나 기뻐하고 슬퍼했을까. 그들의 애틋한 사연과 그들이 흘렸을 눈물이 흐르고 있는 것만 같아 가슴이 먹먹해진다. 흐르는 섬진강 위로 꽃잎 하나가 떨어지고, 그 꽃잎을 실은 강물은 혼자서 저 멀리 사라져 가고 있다.

섬진강의 봄

새봄을 맞은 꽃들은 앞다투어 피어나고 있는데 몸과 마음은 아직 겨울을 벗어나지 못하고 있다. 어느 해보다 봄은 일찍 찾아왔건만 나는 바뀐 계절의 풍경에 적응하지 못한 채 겨울잠 덜 깬 개구리 모습이다.

40여 년 직장에만 매여 지낸 탓인지 찬란한 봄날의 풍경이 낯설고 을씨년스럽기까지 하다. 길거리마다 개나리는 제 흥에 겨운 듯 만발하고 연분홍의 진달래가 산언저리에 가득하지만 깊은 감홍이 일어나지 않는다. 퇴임하면 한없이 누릴 수 있을 것 같던 자유로움과 여유로움이 오히려 어색하고 부자연스럽다. 여동생이 눈치를 챘는지 진주에

놀러 오라고 제안해왔다.

동생네 집에 와서도 한참 동안 활기를 찾지 못하고 있던 어느 날, 화개장터 벚꽃축제에 함께 가자고 제안한다. 자동차 체증 때문에 새벽에 집을 나섰는데도 섬진강 일대에 이르자 차가 정체되어 도무지 앞으로 나아가질 않는다. 오히려 그 덕에 섬진강의 봄 풍경이 내 눈에 담겨오기 시작했다.

전라도와 경상도를 잇는 섬진강 풍경은 그야말로 한 폭의 산수화다. 매화와 복숭아꽃, 산수유와 같은 세상의 모든 꽃은 이곳에 다 모여 장관을 이루고 있었다. 봄은 역시 눈으로 '보는' 계절이란 게 실감이 난다. 어디 눈으로 보는 데만 그칠까, 봄을 보고 있으면 온몸과 마음이 즐겁다. 생명의 탄생으로 가득 차 있는 봄, 봄, 봄이다.

새로이 다가오는 봄은 언제나 활기차다. 섬진강에서는 시간이 정지된다. 이곳에서는 그냥 두어도 봄은 돌아온다. 배꽃과 살구는 더디 피어도 서둘지 않다가 결국은 꽃을 피워낸다. 기다리지 않아도 오는 봄을 막을 수 없다. 꽃망울이 여기저기 터지는 사이에 섬진강의 봄은 마침내 다가오고 만다.

굽이굽이 섬진강 팔십 리 길에는 꽃잎들이 비와 눈이 되어 내리고 있다. 물안개가 되어 산으로 피어오르는 꽃들은 마침내 새로운 생명으로 환생한다. 겨우내 살아남아 있다가 다시 태어난 새 생명은 꽃비 내린 길을 가득 메우고 흐르는 섬진강물과 함께 찰랑대고 있다. 나도 섬진강의 봄과 꽃처럼 다시 태어난다.

차에서 내려 벚꽃 숲 터널을 걷는다. 일렁이는 봄바람에 꽃잎들이 살랑살랑 춤추며 내려앉고 있다. 내 어깨에도 머리에도 길에도 꽃잎이 소복소복 내려앉아 온통 꽃 세상이다.

꽃향기에 심취하여 한참을 걷고 있는데 발목이 촉촉해진다. 간밤에 비가 와선지 아직도 풀잎에 이슬이 맺혀있다. 조심스럽게 앉아 풀잎에 매달린 이슬을 톡 건드려 본다. 동그르르 구르며 살풋한 애교를 떠는 녀석들의 모양새가 여간 예쁜 게 아니다. 지금까지는 이슬이 투명한 무색 물방울인 줄로만 알았는데 그게 아니다. 풀잎에 매달려 있을 때는 에메랄드 색, 붉은 꽃에 있으면 루비 색, 파란 하늘을 배경으로 하면 사파이어 색깔이다. 무궁무진하게 변신하는 이슬로 만든 반지를 만들어 끼고 호젓한 길을 다시 걷는다.

이 찬란한 봄날에 홀가분히 이런 곳을 거닐 수 있다고 생각하니 오랫동안 꿈꾸어 오던 자유로운 영혼이 된 듯하다. 오랜 구속 끝에 하늘을 날아오르게 된 이카루스의 심정이 이러할까. 아침에 나설 때 잠자리 날개같이 엷은 연분홍 스카프가 손에 들리기에 두르고 왔는데 여기서 빛을 발한다.

꽃들의 향기에 심취되어 걷노라니 어느새 행사장에 도착했다. 행사장에는 벌써부터 사람들로 인산인해를 이루고 있다. 축제에 맞춰 벌들도 한껏 신이 났는지 박태기꽃에 달라붙어 윙윙대고 있다. 갑자기 울려 퍼지는 오케스트라 소리에 혼비백산한 벌들이 놀라 달아난다.

동생 모습을 보려고 서둘러 무대 가까이 앉았다. 아트팝스 지휘자에 맞춰 웅장한 곡이 연주되고 있었는데, 몇십 명 단원 중에 동생이 유일한 여성이다. 흑장미 색깔의 드레스가 고혹적이다. 전자피아노를 활달하게 온몸으로 연주하는 동생이 빛난다. 아니다, 하모니를 이루며 연주하는 그들 모두의 얼굴에 광채가 난다. 그들은 섬진강의 청중들을 품어 안고 출렁거리고 있다. 섬진강에서는 인간도 꽃도 봄과 함께 하나로 어우러져 있었다. '섬진강의 시인' 김용택은 섬진강을 이렇게 노래한다.

> 가문 섬진강을 따라가며 보라
> 퍼 가도 퍼 가도 전라도 실핏줄 같은
> 개울물들이 끊기지 않고 모여 흐르며
> 해 저물면 저무는 강변에
> 쌀밥 같은 토끼풀 꽃,
> (중략)
> 흐르다 흐르다 목메이면

영산강으로 가는 물줄기를 불러
뼈 으스러지게 그리워 얼싸안고
지리산 뭉툭한 허리를 감고 돌아가는
섬진강을 따라가며 보라

―김용택의 〈섬진강 1〉 부분

섬진강은 남도 사람들에게 어머니의 젖줄과 같은 생명이었다. 섬진강을 바라보면 어머니의 품속 같은 정마저 느끼게 한다. 언제라도 달려가 보고픈 곳, 언제까지라도 지친 나를 감싸안아 줄 곳으로 남아 있는 것이다. 실핏줄 같은 도랑물들이 모이는 섬진강의 강변에 작은 들꽃과 풀들이 어울려 있다. 섬진강이 마르지 않는 이유는 개울물들이 모이기 때문이다. 마치 힘없는 개개인이 모여 커다란 힘을 낼 수 있는 것처럼. 섬진강의 강변 식물들은 농촌 생활을 떠올리게 하는 모습을 띠고 있다. 쌀밥, 숯불에 비유되는 꽃과 풀들은 섬진강을 친근하게 느끼게 하고, 지도에도 없는 동네 강변의 풀들은 농민의 소박함을 느끼게 한다. 비록 소박하지만 꽃등과 같은 은은한 밝은 빛으로 어둠을 물리치는 힘을 갖게 해준다.

섬진강의 봄은 언젠가 망연한 내게도 생기를 불어넣어 주었다. 언제 내게 봄날이 있었던가. 늘 분주한 여름이었고, 그 여름이 지나면 우수에 찬 가을이었고, 또 그 가을이 지나면 깊은 침묵에 빠져드는 겨울이었다. 찬란한 봄날은 좀처럼 찾아오지 않았다. 사람들 속에 묻혀 있으면서도 진짜 사람 냄새가 그리웠고, 숱하게 치러지던 행사가 끝난 빈 객석에는 홀로 남아 씁쓸했다.

봄날에 피어나는 꽃들은 찬란한 색채의 뒤켠에 빛바랜 사진을 꺼내주었다. 그 속에 담긴 사라진 말과 깊은 앙금은 나를 부끄럽게 만든다. 이 거룩한 봄의 왕림은 내게 욕망과 아집을 버리라고 충고하는 것 같다. 섬진강의 봄은 밀랍처럼 녹아드는 내 영혼을 새롭게 일으켜 세워줄 수 있을까.

'성가족성당'의 낮잠

인간이 이룬 문명과 사람들이 살아가는 모습은 지역마다 다르다. 우리나라 사람처럼 빨리빨리 생각하고 행동하는 국민이 있는가 하면, 매사에 느리고 여유롭기 짝이 없는 국민도 있다. 우리나라에서는 온종일 열심히 일해도 시간이 모자라는 판에, 어떤 나라는 '시에스타'라고 해서 낮잠을 자는 시간까지 별도로 두고 있다.

현대인들은 속도에 지나치게 집착한다. SNS에 새로운 정보가 넘쳐나고, 그 정보는 금세 묵은 것으로 사라진다. 그러면서도 SNS와 유튜브에 왜 그렇게 매달리는지…. 뭔가에 들쫓기는 조바심 때문일까, 아니면 속도에 대한 욕망 때문일까.

사람들은 보이는 순간에 현혹되어 정작 자신은 잊고 살아가는 것 같다. 어쩌면 눈앞에 펼쳐지는 속도에 함께 끌려가는 건지도 모른다. 간혹 폭주하는 굉음 자동차나 오토바이를 보면 바깥세상을 향해 무작정 달리는 애니메이션 같다. 나 역시 오늘도 속도의 악마에 끌려 다니고 있다. '빨리빨리, 빨리.'

하지만 천천히 생활하는 사람도 많고 그런 나라도 적지 않다. 급하지 않은 마음으로 느끼고 생각하며 걸어야 하는 나라가 있다. 스페인이다. 스페인의 바르셀로나 시내를 거닐면서 이런 생각은 더욱 짙어진다. 산미구엘 시장을 찾았다. 스페인 사람들은 먹는 시간도 넉넉하여 서두르지 않는다.

기다리는 사람들도 마냥 웃으면서 끼리끼리 모여 담소를 나눌 뿐이다. 음식을 먹는 사람들이 아무리 느긋해도 누구 하나 불평하거나 낯을 찌푸리는 사람이 없다. '빨리' 문화에 젖어있던 나로서는 선뜻 이해가 가지 않았지만, 내가 누구던가. 탐라국 왕손 아니더냐. 나는 해상왕국 탐라 후손답게 넓게 넓게 그들 문화를 넘나들고 있었다.

스페인 사람들도 바다를 좋아한다. 바다는 자연과의 교감을 이끄는 사색의 장으로 무한한 사유와 상상을 펼치게 한다. 억겁의 세월을 버티면서도 변화무쌍한 바다, 그 바다와의 조우를 위해 많은 사람이 길을 나선다. 그래서인지 그들은 다혈질인 듯했다. 어디서나 쉽게 흥

분하고, 소리 잘 지르고, 춤추면서 밤새 술 마시는 것 좋아하는 굉장히 열정적인 모습이다. 특히 인종차별 같은 의식이 없어서인지 이방인들에게도 쉽게 말을 걸고 친해지는 적극적인 사교성을 지니고 있다. 상당히 유머러스하고, 호탕한 모습을 어디서나 쉽게 볼 수 있다. 이런 경향은 그들의 대표적인 대중 예술의 하나인 플라멩코에서도 잘 나타난다.

플라멩코의 노래는 16세기경 집시, 무어인, 유대인, 토착 안달루시아인들의 문화가 융합되는 과정에서 발생한 것으로 알려져 있으며, 그중에서 특히 집시의 노래(cante gitano)와 안달루시아의 민속 음악의 영향을 크게 받은 것으로 알려져 있다. 기타는 후에 추가된 것이며, 정확히 기타가 사용되기 시작한 때는 알려지지 않았으나 18세기 이후 외부인들의 기록에 의해 당시에 기타가 사용되었음을 확인할 수 있다. 플라멩코가 예술 퍼포먼스의 형태로 자리 잡은 것은 19세기 중반 이후로, 카페 칸탄테(cafe cantante)라고 불리는 음악 카페들에서의 공연이 주를 이루었다. 19세기 후반은 플라멩코의 전성기라고 할 수 있을 정도로 그 인기가 대단했지만, 20세기에 들어서면서 그 인기가 크게 사그라들었다. 그래도 관광객들을 위한 플라멩코의 공연은 여전히 성행하고 있다.

스페인의 도시가 이룬 예술과 문화는 한결같다. 수십 년, 수백 년 동안에 걸쳐 느리게 이루어진 것들이다. 스페인의 카탈루냐가 낳은 세계적인 건축가는 다름 아닌 안토니 가우디다. 그는 오직 사랑의 마음으로 '사그라다 파밀리아성당(성가족성당)'을 건축했다. 자신의 역작이 될 만한 건물이자 종교적인 믿음의 발현 행위이기도 한 이 성당을 짓기 위해 온몸을 바친 그다. 한푼의 보수도 받지 않고 오직 '가난한 이들을 위한 교회'가 되도록 설계했다.

놀라운 것은, 1883년에 이 성당 건축을 시작했지만, 아직도 끝나지 않았다는 사실이다. 어떤 이들은 가우디 사후 100주년에 맞춰 완성할 거라고 말하기도 한다. 하지만 과연 그때까지 끝날 수 있을지 의문이다. 건물이 가우디의 원래 설계안대로 완성될 수 있을지도 알 수 없다. 스페인 내전 동안 가우디의 설계안을 보관하고 있던 작업실이 불타버렸기 때문이다.

그 결과 많은 예술가와 건축가들로 이루어진 위원회에서 건축을 계속해야 하느냐 마느냐를 두고 토론이 연일 벌어졌다고 한다. 그들은 가우디의 원래 설계대로 남기를 희망하고, 점점 세속화되어 가는 사회이니만큼 이런 성당이 꼭 필요하다는 의견을 내기도 했다.

가우디의 설계에는 그만의 독특한 취향과 특성이 담겨 있다. 자연의 모습을 그대로 반영하는 유기적인 곡선과 형상, 동화나라 건물처럼 환상적인 형태 등이 그 예이다. 궁극적으로 인간은 자연의 일부일 뿐인데 자연의 이치를 벗어나서는 삶도 종교도 건축도 존재할 수 없다는 것이 그의 생각이었다.

가우디의 건축에는 언제나 자연의 모습이 살아 있다. 그의 건축에는 꽃과 나무와 구름이 생동하고 있으며 그것이 인간과 하나가 되어 움직인다. 자연의 아름다움과 웅장함을 지닌 성당 내부를 묵묵히 돌아보고 있다. 나는 무한의 세월을 버티고 있는 바다를 보는 듯한 착각에 빠지고 경외감에 사로잡힌다.

가우디는 전차에 치여 비극적인 죽음을 맞이했고, 성당 지하 묘지에 안치되어 있다. 사고가 났을 때 초라한 옷차림을 하고 있던 그는 빈민자 병원으로 옮겨졌다고 한다. 후에 신원이 밝혀졌고, 좋은 병원으로 옮기자는 제안에도 자신은 가난한 이들 사이에 있겠다고 한사코 고집을 부렸다. 그러면서 그는 말했다. "이 성당은 천천히 자라나지만, 오랫동안 살아남을 운명을 지녔는가 보다."

빠름이 인간의 조급함을 해결해주지 못한다면 느림이 해답이다. 느림은 나태함이 아니라 자연의 속도를 말한다. 자연은 서두르지 않는다. 꽃을 피우고, 열매를 맺고, 땅에 떨어지기까지 자연은 순리에 따라 움직인다. 정원에서 피어나는 꽃과 나무는 나를 돌아보게 할 때가 많다. 자연에 순응하며 살아가는 게 결코 느리거나 나태한 생활방식은 아니다. 치열한 속도 경쟁과 앞만 보고 달려가는 현대 사회에서 느림의 미학이 돋보이는 이유다.

세계에서 모여든 수많은 사람이 바라보는 가운데 '성가족성당'은 여유롭게 긴 낮잠을 자고 있다. 그 낮잠을 깨우겠다는 듯이 한국 사람들이 성당 안팎을 바삐 드나든다. 우리는 언제쯤 이 느림이 우아하고 배려 깊은 삶의 방식이라는 걸 깨달을 수 있을까.

손녀의 꽃반지

큰딸이 아기를 출산했다는 소식이 왔다. 급하게 호주 항공권을 끊고 단숨에 달려가는 중이다. 하룻밤이라도 자게 할 일이지 바로 그날 집으로 보내는 병원 측이 야속스럽다. 미역국을 끓여줄 사람이 아무도 없기에 걱정이 앞선다. 아기는 건강한지, 얼굴은 누굴 닮았는지 궁금한 게 한둘이 아니다.

딸의 집에 도착해 여장을 풀기 바쁘게 갓난이부터 찾았다. 아기 얼굴을 보는 순간 나도 모르게 "캘런을 닮지 않고…." 했더니 딸이 눈을 흘긴다. 아기는 아무리 들여다봐도 동양인에 가깝다. 동양과 서양이 합쳐지면 어딘가 신비로운 구석이 있고 이목구비도 훤칠할 줄 알았는데 그렇지 못해 아쉽다. 하기야 신생아 때부터 빼어난다는 건, 괜한 욕심이고 지나친 기대일 뿐이다.

포대기 속에서 옴지락거리는 아기의 구석구석을 살핀다. 이쁘다. 대견하다. 한 생명의 탄생이 위대하다. 평화롭게 잠든 손녀의 얼굴을 내려다보면서, 한 생명의 탄생은 얼마나 경이로운가를 생각해 본다. 이 아기가 태어나기 전에 엄마 아빠가 태어났고, 그전에는 저들 부모가, 또 그전에는…. 지구가 생성됐을 때부터 생명이 자리를 잡고, 변화하고, 사라지던 그 아득한 순환의 세월 속에 생명은 날마다 태어나 숨 쉬고 있었던 게 아닌가.

딸은 결혼해도 출산을 한참 미뤘다. 노산이 되기 전에 계획하라고 해도 부모의 말이 먹히지 않는다. 아기를 가지려면 몸과 마음이 평안해야 하고, 직장에서도 무슨 일을 앞두고 있다는 등 핑계가 많다. 승진을 코앞에 둔 시점이라 더 그럴까.

딸도 더는 미루지 못했는지 결국 결혼 오 년 만에 아기를 출산했다. 성공한 자든 아니든 한 인생을 산다는 건 축복받을 일이다. 성공한 인생이라고 반드시 행복할까. 큰 저택과 몇 억짜리 자동차가 있고 사회적으로 명성을 얻으면 행복할까. 단출한 집에서 소소한 행복을 누리며 사는 삶은 불행할까. 그런 삶이 더 보람차고 소중한데도 사람들은 끊임없이 솟구치는 내면의 소리에 괴로워한다. "이건 내가 바라던 삶이 아니야. 돈을 더 벌어 더 높은 곳으로 올라가야 해."

진정 내가 누구이고 진정 가치 있는 삶은 무엇인가를 돌아보려 하지 않는다. 많은 시간을 쓸데없는 곳에 쏟아부으면서도 정작 영혼을 풍요롭게 하는 일에는 관심이 없다. 우리는 왜 눈앞의 실용적 가치에만 매달려야 하는가.

수십 년간 일개미처럼 살아오면서 인생에는 오로지 의무와 책임밖에 없다고 생각해 왔다. 어느 철학자는 때로 인생에서 자신과 멀어지는 방법을 배워야 한다고 말한 적이 있다. 외로움에 친숙해지는 방법을 배우고, 외로움과 먼 길을 떠나 보아야 진정한 자신의 모습을 볼 수 있다는 것이다. 인생은 끝없는 채움과 비움의 연속이다. 이 아기는 자라면서 무엇을 채우고 비우면서 살아갈까.

아기를 가만히 들여다본다. 한없이 사랑스럽다. 아이가 행복을 많이 먹으면서 자라야 할 텐데 먼 나라에 있는 할미로서 한계를 느낀다. 여기 온 지 두어 달이 훌쩍 지났다. 얼마 있으면 한국으로 돌아가야 한다. 손녀에게 무얼 남기고 갈까 하다가 사위랑 함께 나무 시장에 가서 귤나무 두 그루를 사다 심었다. 나무를 심으면서 나는 기도했다.

손녀가 저 나무같이 자라서 행복을 이마에 얹고 해와 달에 준 마음 후회 없어라. 밤하늘을 바라보며 별을 헤고 땅에서 자라나는 나무를 바라보아라, 너를 위한 나의 기도가 그대로 한 편의 아름다운 시가 되고, 빛나는 한 편의 시처럼 살게 되기를 바란다. 너가 꽃과 나무로 피어날 땅에는 사랑과 평화의 마음으로 부르는 노래가 넘쳐날 것이다.

이제 며칠 후면 한국으로 간다. 하루하루가 빠르다. 저녁나절에 손녀를 유모차에 태우고 공원에 산책갔다. 토끼풀꽃이 지천으로 피어 있다. 갑자기 어린 시절 학교 운동장에서 친구들과 꽃반지를 만들어 놀던 생각이 났다. 토끼풀꽃으로 만든 꽃반지를 끼고 밤새 무지개색 꿈을 꾸었다.

꽃반지를 만들어 보드라운 아기 손에 끼운다. 아기는 잠시 뒤척이다가 뭘 봤는지 금세 방긋거린다. 꽃반지를 만들어 끼고 행복하게 뛰어다니던 때가 엊그제 같은데 나는 어느새 할머니가 되어 있다. 세월 참 빠르다. 내가 끼고 행복한 꿈을 꾸던 꽃반지는 지금 손녀의 손에 끼워졌다. 꽃반지는 다음 세대에도 끼워질 것이다. 아이는 또 다른 아이를 낳고 그 아이는 또 다른 아이를 낳고….

아가야, 너는 내게 너무나 소중한 만남의 의미를 가져다 줬다. 우리 사이를 이어줄 끊어지지 않을 끈이 생겼다는 사실만으로도 가슴이 벅차오르는구나. 세월이 지나면 언젠가는 헤어져야 할 우리지만 아름다운 추억으로 남을 수 있었으면 하는 바람이다. 너와 나의 만남을 영원히 간직하기 위해 내가 할 수 있는 일을 찾아보련다. 네가 새라면 할미는 하늘이 되어 주고, 네가 나무라면 숲이 되어 줄게.

진주 빛깔의 예쁜 꽃반지, 그것은 새롭게 태어난 생명에 대한 축하이며, 앞으로 펼쳐질 네 인생에 축복이 가득하기를 기원하는 마음이다. 한겨울의 눈 덮인 강 아래서 조용히 흐르는 물처럼 내게 오렴. 고운 나무에 앉은 연둣빛 산새의 노래를 부르며 내게 오렴. 해마다 내 가슴에 살아오는 봄날의 진달래 꽃망울처럼 예쁜 그리움을 터뜨리며 내게 오렴.

손녀를 향한 그리움은 어느새 나의 눈을 적시고 있었다. 비행기의 차창 밖으로 앙증맞은 손녀의 꽃반지가 눈에 자꾸 아른거린다.

기다리는 붉은 꽃잎

얼마 전 몇몇 친구와 라오스를 갔다. 선진국보다는 후진국에 가서 우리의 옛 모습을 확인해 보자는 이유에서다. 우리나라도 보릿고개를 넘기며 헐벗고 못 먹던 시절을 보내지 않았는가.

라오스는 우리나라의 1960년대를 연상시킬 정도로 후진성을 면치 못하고 있었다. 아스팔트로 포장된 곳이 드문 길에서는 먼지가 폴폴 날리고, 사람들은 그 속을 낡은 자전거로 누비며 다닌다. 라오스의 길거리와 사람들을 보면서 우리나라는 잘사는 나라라는 생각이 절로 들었다. 기온은 사십 도를 오르내리고 습도까지 더해지니 더위를 좀처럼 타지 않는 나도 견디기 힘들었다.

유명한 관광지를 가기 위해 덜컹거리는 트럭 짐칸에 올라탔다. 뿌연 먼지 날리는 황톳길을 몇 시간 동안 달린다. 짧은 반바지에 슬리퍼 차림인데도 하도 더워서 빠뜨린 부채 생각이 간절하다.

한참을 달려 논밭으로 이어진 좁은 길에 내렸다. 한 줄로 쭉 서서 이십여 분 걸었을까, 숲이 우거진 강이 나온다. 좀더 올라가니 판자촌 같은 음식점이 보이고 거기서 점심을 할 모양이다. 우리는 너덜거리는 평상에 주섬주섬 앉았다. 몸에 똥 찌꺼기를 날고 있는 소가 가까이 다가와 혀를 날름거린다. 우린 깜짝 놀라 피하는데 라오스 사람들은 싫은 내색 하나 없이 친근하게 음식을 소의 입에 넣어준다. 동물도 함께 살아가고 있는 모습이 정겹다.

점심 후에 숨가쁘게 오르막과 내리막길을 몇 차례 지난다. 한참을 걸어 마을에 도착했다. 머리를 길게 땋은 꼬마들이 쪼르르 달려와 또렷한 발음으로 "사탕 주세요." 한다. 사탕을 꺼내자 "감사합니다." 하고 방긋 웃으며 골목길로 사라진다.

큰길에서 갈라지는 골목은 큰 줄기에서 뻗어 나온 잎맥처럼 얼기설기 여러 갈래로 나 있다. 골목 어귀를 지나자 좁은 길이 여럿 있었는데 영락없는 제주의 옛 올레다. 대문을 한길에 바짝 붙여두지 않고 구불구불 숨겨두던 예전의 우리 동네에 온 것 같다. 짚을 엮어 얹힌 초가지붕도, 담장 밑에 낀 이끼도, 대문 안에 쌓여있는 나뭇가지도 그대로다. 나무 아래 평상에는 구릿빛 얼굴의 노인들이 담소를 나누고, 아이들은 오리와 닭을 쫓아다니며 천진난만하게 놀고 있다. 이곳에는 번쩍이는 대형 건물이나 자동차는 없고 오직 자연과 더불어 살아가는 사람들만 있을 뿐이다.

강가에서는 팬티조차 입지 않은 아이들이 물장구를 치며 놀고 있다. 세상의 근심 걱정거리라곤 조금도 찾아볼 수 없는 해맑은 얼굴이다. 여자아이들은 소똥이 뒹구는 흙바닥에 앉아 공기놀이를 하고 있었는데, 놀랍게도 우리가 어릴 때 갖고 놀던 공기알과 똑같지 않은가. 주위에 나뒹구는 돌을 다듬어 만든 것뿐만 아니라 크기와 모양새까지 똑같다. 라오스의 아이들이 나를 오십 년 전으로 훌쩍 데려간다.

초등학교 이학년이나 삼학년쯤이었을 게다. 여름방학에 우리는 대문 안 평상 옆에 앉아 공기놀이를 하고 있었다. 편을 짜서 하고 있었는데 상대 팀이 계속 이기자 우리 편 대장이 약이 올랐는지 갑자기 꽃꿀을 빨아먹자며 올레로 간다. 뭐에 홀렸는지 다들 우르르 몰려갔다.

구멍이 숭숭 뚫린 담장 아래에는 채송화와 분꽃이 활짝 피어있었다. 나는 분꽃의 꿀보다 맨드라미와 달리아가 붉게 피어있는 화단으로 갔다. 달리아 꽃을 한 송이 뚝 따서 붉은 꽃잎을 가만히 들여다보다가 거기에 홀딱 빠지고 말았잖은가. 나는 그때의 꽃잎 색깔을 잊을 수가 없다. 지금도 붉은 꽃잎을 바라보고 있으면 어린 시절의 순간순간들이 생생하게 피어오른다.

아이들이 손에 꽃을 듬뿍 안고 평상으로 돌아왔다. 난데 없이 소꿉놀이를 하자며 난리다. 아이들이 부지런히 움직인다. 공깃돌로 부뚜막을 만들어 솥을 걸고, 붉은 돌은 잘게 부숴서 고춧가루를 냈다. 꽃잎을 주워와 돌로 찧어 뭉개서 갈비떡을 빚고, 닭의 볏처럼 생긴 맨드라미꽃은 잘게 뜯어내어 고명을 만들었다. 시집 장가를 가는 날이란다. 내가 색시로 뽑히고, 신랑으로는 J가 뽑혔다. J는 우리 집 목거리(별채)에 사는 아이다. 아이들은 분꽃의 까만 열매를 터트려 하얀 가루로 분칠을 해주고, 빨강 크레용으로는 연지 곤지를, 토끼풀꽃으로는 화관을 만들어 씌워준다. 점차 색시 모습으로 변해가는 내가 이뻤던지 홍조를 띤 J가 나를 물끄러미 바라보고 있다.

혼례식이 치러지고 J와 나는 나란히 누웠다. 아이들은 내 배에 털실 뭉치를 올려놓아 아기가 들어있는 거라 하고, 아기 구덕을 만드느라 부산을 떤다. 아기 구덕은 통이 깊은 일본제 필통을 사용했는데 안쪽에는 보리 짚을 비벼 보드랍게 깔고, 바닥에는 자치기할 때 쓰는 막대기 두 개를 받쳐 흔들기 쉽게 했다.

나중에 내 배에서 아기가 나왔는데 눈이 새파란 서양 아기다. 그 인형은 눕히기만 하면 긴 속눈썹을 스르르 감았기 때문에 아이들은 너나없이 그 장난감을 갖고 싶어 했다. 그 시절에 신기한 일본 제품들이 제주 가정에는 많았다. 대부분 재일교포가 보내준 것들인데 재일교포 중에는 제주 출신이 유독 많았기 때문이다. 4·3사건이 터지자 남자들은 목숨을 부지하기 위해 일본으로 가는 밀항선을 탔고, 그들이 일본에 자리를 잡으면서 일가친척에게 선물을 보내기 시작했다.

상념에 빠져 있을 때 누가 나를 톡톡 건드린다. 라오스 여느 아이들처럼 얘도 눈이 새까맣고 속눈썹이 길다. 나한테 다가와 옷자락을 만지며 해맑게 웃고 있다. 조막손처럼 작은 아이 손을 꼭 잡아준다. 아이 얼굴이 붉은 꽃잎을 닮아있다. 이 아이도 나처럼 늙어갈까.

라오스에서 돌아오니 생각지도 않은 J의 부고가 왔다. 가까운 동창들과 서둘러 장례식장으로 가면서 우리 나이를 헤아려 본다. 세상을 뜨기에는 너무 아쉬운 나이인데 J는 병마를 이기지 못하고 왜 그리 빨리 갔는가. 자식 부양도 끝나 이제부터는 자기 생을 누릴 일만 남았는데 말이다. 인생이 너무 허무하고 덧없다.

J의 영정에 분향하면서 라오스의 천진난만한 아이들이 자꾸 떠오른다. 봄이 가고 여름이 오면 기다리는 붉은 꽃잎이 다시 활짝 피어오를까.

노을에 물들다

구름 위를 날아가는 호사를 누리고 있습니다. 땅에서 칠팔천 피트나 떨어진 상공에서 와인을 주문합니다. 속눈썹이 짙은 아랍 승무원이 정성스럽게 따라주네요. 투명한 유리잔에 찰랑거리는 화이트와인 빛깔이 더없이 곱습니다. 무르익은 황금빛 와인을 천천히 음미해 봅니다. 혀끝으로 차르르 감겨드는 맛과 향이 더없이 좋네요.

이번엔 레드와인을 주문합니다. 아랍계 남자 승무원이 그윽한 눈길을 보내면서 따라준 와인이라선지 몸과 맘이 붉게 물들고 있습니다. 머리에서 꽃이 피어나고 있어요. 빙그르르 몽환의 상태에 젖어봅니다. 나는 새하얀 장미가 흩뿌려진 붉은 양탄자 위에서 황홀한 춤을

추고 있습니다. 삶을 위한 춤인지 죽음을 위한 춤인지 알 수 없지만, 날개를 달고 날아올라 호주와 제주 바다까지 넘나들고 있어요. 내 영혼은 찬란한 빛으로 채색되어 가고 있습니다.

몸과 마음이 조금 안정되어서 영화나 감상해 볼까 합니다. 〈Away from her〉에 시선이 꽂히는군요. 화면에 황혼빛 호수가 펼쳐지고 노부부가 손을 잡고 있습니다. 아내를 쳐다보는 남편의 얼굴에 애잔함이 깔려 있군요. 알츠하이머에 걸린 아내가 한사코 요양원에 가겠다고 우기고 있네요. 남편은 당혹스럽습니다. 사랑하는 아내와 떨어져 사는 삶을 생각해 본 적이 없으니까요. 얼마 뒤, 그는 아내를 요양원에 보내고 몹시 괴로워합니다. 하지만 날마다 요양원에 드나들며 온갖 정성을 다하지요. 집에 와 있을 때도 마음은 늘 아내와 함께입니다.

오, 이런! 아내는 요양원에 있는 남자와 사랑에 빠지고 말았군요. 남편은 아내의 마음을 되돌리기 위해 처절하리만치 노력합니다만 그녀는 요지부동, 오로지 새 남자 생각뿐입니다. 아내를 위해 평생 헌신한 남편은 속이 타들어 가지만 그녀의 새로운 사랑 앞에선 어떤 것도 보이지 않습니다. 그녀는 죽음의 그림자가 드리워진 한시적인 삶 앞에서 마지막 불씨를 되살리고 싶었는지 모릅니다.

영원할 것만 같은 남녀 간의 사랑은 시간의 환幻에 불과한 걸까요? 사랑도 언젠가는 퇴색하고 남루해져 소멸하기 마련인 모양입니다. 아무리 그렇더라도 알츠하이머와 함께 더 빠르게 소멸해가는 그녀의 삶이 안쓰럽습니다. 우리네 인생이 저녁에 사라지는 노을과 같다고 생각하니 인생이 허무해지는군요. 눈을 감아봅니다. 어둠 속에서 '사랑' '추억' '생명' 같은 단어들이 명멸하고 있습니다.

몸속 어느 구석에서 외손녀가 톡 튀어나옵니다. 한국에서 가져간 멸치볶음을 먹던 외손녀 첼시가 눈을 반짝이며 묻습니다. "할머니, 물고기는 왜 죽어서도 눈 떠요? 눈꺼풀이 없어서 눈을 감지 못하는 거예요?" 헤어진 지 한나절이 안 됐는데 벌써 보고 싶어집니다. 눈가가 촉촉해지는 것과는 달리 손주의 잔상이 은빛 햇살처럼 따사롭게 피어나고 있어요. 이제 만 네 살이 되는 첼시와 한 달을 갓 넘긴 리오를 위해 하느님께 기도합니다. 내 마음속 블랙홀에서는 생명의 불꽃이 일고 있습니다.

사방을 둘러봅니다. 조명등이 꺼진 기내에 몇 사람만 제외하고 모두 잠들어 있습니다. 곤히 잠든 저 사람들은 살아 있지만 죽은 듯 보입니다. 눈을 뜨고 있는 나는 삶과 죽음 사이에 있는 세상에서 서성이고 있는 것 같고요. 살아있음과 죽어있음의 차이는 무엇일까요. 내가 타고 가는 비행기, 만지작거리고 있는 책, 조금 전에 마신 와인은 내게 생명을 주는 살아있는 것들입니다.

갑자기 비행기가 요동치고 있습니다. 화들짝 놀란 사람들이 잠에서 깨어 두리번대고 기내 방송도 다급하게 돌아갑니다. "승객 여러분, 기류에 따라 비행기가 흔들리고 있으니 잠시만…." 태연함을 가장한 승무원들도 분주하게 들락거리고 있어요. 하늘에서 번쩍번쩍 섬광이 일어 비행기가 곧 추락할 것 같습니다. 얼음이 된 사람들은 겁에 질려 입을 꼭 다물고 있어요. 무거운 침묵이 숨을 가쁘게 합니다. 제발 한 사람이라도 나서서 "어—이! 대체 어떻게 된 거야?" 하고 목청껏 외쳐 주면 좋겠네요.

비행기는 불가항력의 힘에 이끌려 블랙홀로 빠져들고 있는 것 같습니다. 삶의 선택권이 우리 영역을 떠나 있어 아무도 입을 열지 못합니다. 제아무리 발버둥을 치며 생명줄에 매달리고 싶어도 어쩔 수 없네요. 죽음이 이렇게나 순식간에 찾아오다니요. 고향을 떠나 멀고 먼 이국의 바다에 떨어져 죽게 된다니 이 무슨 날벼락이랍니까. 나도 한 마리 물고기가 되어 눈을 뜬 채 바다를 떠다니게 되는 걸까요. 죽으면 영혼만 하늘로 올라갑니다. 그럼 나 자신은 어디로 가는 건가요. 이 세상에 남아 생을 좀더 누리다 가고 싶습니다. 좀더 즐기다가, 좀더 돌봐주다가….

이대로 죽는다면 내 생은 어떻게 되는 건지 아득합니다. 내가 곧 숨을 거둘 텐데 내 죽음을 알릴 기회조차 주어지지 않을 것 같네요. 만약 단 한 사람에게만 전화를 걸 수 있다면, 누구한테 먼저 하게 될까요. 그리고 무슨 말을 해야 할까요.

내 죽음 앞에서 비통해할 사람들은 누구일까 하는 생각도 스칩니다. 그동안 아등바등 열심히 달려온 것 같은데 알맹이는 없고 허물만 잔뜩 남았습니다. 황황히 떠나면서 그동안 벌여놓은 허접스러운 일들을 정리할 시간조차 없네요. 껄끄럽던 관계도 마음에 걸립니다. 제발 단 며칠만이라도 은총의 시간이 주어진다면 더할 나위 없겠습니다.

어떤 책에 이렇게 쓰여 있디군요, 남을 이해하지 못할 때는 메마른 내 것을 잠시 밀쳐두고 그의 심장을 내 가슴에 넣어 보라고요. 그러고 세상을 둘러보면 '아, 그렇구나. 그의 세상은.' 하게 된다나요. 맞아요. 그렇게 해본다면 이전의 내가 아닌, 관용寬容을 베푸는 사람이 되어 있을 것도 같습니다.

흔들리던 비행기가 이젠 안정권으로 접어들었는가 봅니다. 안심해도 좋다는 이완된 목소리가 기내 방송을 타고 있습니다. 긴장이 풀렸는지 잠이 몰려와 눈꺼풀이 스르륵 감기네요. 문득 잠이란 게, 생애 마지막 날을 위한 연습일지도 모른다는 생각이 듭니다. 많은 걸 세상에 남겨두고 눈을 멀쩡히 떠서 냉정하게 돌아설 수는 없을 테니까요.

비행기가 인천공항에 착륙한다는 방송에 창문 셔터를 올렸습니다. 비행기가 활주로에 무사히 도착하기 바쁘게 폰이 요란하게 울려댑니다. "엄마, 잘 도착하셨어요? 첼시 바꿀게요." "할머니, 한국 가니까 허리 나왔어요?"

공항을 빠져나오자, 서쪽 하늘에 노을이 장엄하게 타오르고 있습니다. 한없이 찬란한 노을이지만 이 또한 금세 사라지고 말겠지요. 앞으로 저 노을을 얼마나 볼 수 있을까요. 문득 인생이란 누적된 해의 합이 아니라, 해를 넘기지 못할 시간의 합이 아닐까 하는 생각을 해봅니다.

도두 바닷가에 와 있습니다. 철썩 추르르르 차르르르, 파도가 부서지며 끊임없이 소리를 내고 있네요. 파도와 바람결에 손주의 향기가 묻어옵니다. 나는 노을에 물든 바람을 타고 하늘을 날아오릅니다. 금빛 노을이 끝까지 나를 지켜주겠다는 듯이 든든한 미소를 보내고 있습니다.

4부

곶자왈의 노루

낙엽이 흩날리는 11월 초에 한경면 저지리에 있는 곶자왈에 들어섰다. 환상의 숲이라 불리는 이곳은 초겨울이 아닌 늦봄이다. 아열대성 식물들이 울창하고 목도리를 풀어야 할 만큼 포근하다. 도로 하나를 사이에 두고 이쪽과 저쪽의 풍경이 이렇게 다를 수 있단 말인가. 저쪽과는 딴판인 원시림 세상이 펼쳐지고 있다. 갑자기 나타난 불청객에 놀란 듯 노루가 후딱 달아난다. 긴장한 채 달아나는 노루의 뒷모습이 왠지 슬프고 가련해 보인다.

그 옛날 용암이 흘러내리면서 굳어진 풀과 바위투성이 곶자왈에는 독특한 생명이 살아가고 있다. 한반도 최후의 상록수림인 이곳에는 수많은 식물이 식생하고 조류와 곤충들이 공존한다. 제주 사람들은 이 안에서 땔감을 마련하고 소나 말을 풀어 키웠으며 먹을거리도 장만했다. 곶자왈은 제주 사람들의 희로애락이 녹아든 삶의 터전이었다.

하지만 지금 곶자왈은 너무나 큰 고통에 비명을 내지르고 있다. 중국의 거대한 자본이 유입되어 이미 중산간 지대 이곳저곳에는 대규모 유락 단지가 들어섰고 지금도 자연경관이 좋은 곳이면 어디든 가리지 않고 파헤쳐지고 있다.

〈아마존의 눈물〉이라는 다큐멘터리를 다시 보면서 마음이 무거워진다. 이 다큐멘터리는 문명의 침투로 원시적 자연의 파괴와 무너져 가는 생태계의 모습을 보여주고 있다. 아마존의 산림파괴로 고통받는 인디오들과 열대 밀림의 생물들, 나아가 문명사회의 무분별한 개발로 인해 사라져 가는 아마존의 현실은 가히 충격적이다.

아마존은 흔히 '지구의 허파'라고 불린다. 우주의 무한한 공간에서 하나의 푸른 점에 불과한 지구지만, 이 지구를 푸르게 만들어 주는 것이 바로 아마존이다. 아마존의 열대우림은 지구를 마음껏 숨쉬게 하는 곳이다. 이 아마존 숲이 인간의 이기심으로 인해 무자비하게 파괴되어가고 있다. 인간뿐만 아니라 온갖 동식물들의 보금자리인 지상낙원이 와르르 무너지고 있음에도 인간은 가만히 지켜보고만 있다.

아마존이 지구의 허파라면 곶자왈은 '제주의 허파'라 할 수 있다. 한라산과 해안의 중간 지점인 중산간 지대의 곶자왈은 토양이 빈약하고 암괴들이 층층이 쌓여있다. 비가 내리면 빗물은 곶자왈을 통과하면서 천연 미네랄 성분이 담뿍 녹아든 청정수가 되는데 제주의 생수가 각광을 받는 이유도 이 때문이다.

제주 생수는 대기업에서도 끝없이 퍼 나르고 있다. 언제까지나 제주 생수가 펑펑 쏟아져 나올 것 같지만 이대로 가다가는 물도 결국 고갈되고 만다. 허파 없는 인간을 상상할 수 없듯이, 곶자왈 없는 제주를 상상할 수 없다. 곶자왈이 사라진 제주는 마실 물이 없어지고, 수목이 우거진 아름다운 경관과 동식물이 살아 숨쉴 공간도 없어져 급기야는 죽음의 섬이 되고 말 것이다.

아늑한 곶자왈 속에 들어와 있으면 할머니 생각이 난다. 첫손주였던 나는 어린 시절에 할머니와 곧잘 지냈는데, 그때의 기억은 내 삶에서 아직도 큰 비중으로 남아 있다. 온종일 밖에서 놀다가 밤에 할머니 품에 안기면 풀냄새, 고구마 냄새, 감 냄새 같은 향긋한 냄새가 났다. 할머니는 옛날얘기도 곧잘 해주셨는데 나는 흥미진진한 그 얘기를 들으며 스르르 잠들곤 했다. 어찌나 그럴듯하게 얘기를 잘 엮으시는지 지금도 생생하다. 설문대할망, 영등할망, 자청비, 삼성신화, 콩쥐팥쥐, 장화홍련….

할머니는 만담漫談으로 좌중을 쥐락펴락하기도 했는데, 동네 어르신들은 할머니의 장단에 맞춰 노래나 춤을 추며 울고 웃었다. 할머니들의 노랫가락과 춤사위 속에는 진정한 삶의 기쁨이 배어있었던 거 같다. 삶의 기쁨은 결코 거창한 게 아니었다. 그분들의 삶은 흙에서 얻어진 것이고, 정취 또한 공동체 속에서 다져진 것이다. 지금 생각해 보면 그분들은 자연과 조화를 이루며 살아가는 방식을 이미 터득하고 있었던 거 같다. 그래선지 마음이 여유롭고 삶의 속도도 느슨해 보였다.

하지만 언제부턴가 이런 모습들이 사라지고 말았다. 서로 수눅하며 도와주던 미풍양속은 찾기 힘들 만큼 삭막한 세상으로 변해버렸다. 곶자왈에 들어와 걷다 보면 그 옛날 할머니에 대한 그리움이 안개처럼 일어난다. 곶자왈은 우리에게 모든 것을 베풀어주고자 하던 할머니의 모습을 그대로 닮았다. 곶자왈에 서면 사람들은 자기들이 주변에 있다고 느끼지 않는다. 자기들이 서 있는 곳이 곧 삶과 우주의 중심이다.

시간의 흐름과 함께 우리는 모두 늙어간다. 늙음은 죽음과 마찬가지로 거역할 수 없는 자연의 섭리다. 그런데도 오랜만에 만난 친구가 "너도 늙었네. 세월은 그 누구도 거역할 수 없는 거다이."라고 말하면 슬퍼진다. 늙어 감을 인정하고 싶지 않은 것이다. 사람들은 어떻게든 늙지 않으려 하고 죽지 않으려 한다. 그러면서도 자연이 순식간에 부서지고 사라져 가는 것에는 둔감하다.

곶자왈에서 나왔다. 길 건너편 중산간 일대에 큰 공사가 한창이다. 숲이 마구 무너져 곶자왈이 비명을 지르고 있다. 돌 더미에 앉아 멍하니 있는데 굉음에 놀라 도망가고 있던 노루 가족과 눈이 마주쳤다. 우리 일행이 자연을 사랑하는 모임이라는 걸 아는지 잠시 발걸음을 멈추고 가만히 쳐다본다. 새끼 노루를 거느린 어른 노루의 눈에 눈물이 그렁그렁하다. 노루는 간절한 눈빛으로 말하고 있었다.

"곶자왈이 사라지면 우리는 갈 곳이 없어요."

잠들지 않는 제주

지난해 초여름, 제주수필과비평작가회에서 '파파빌레'를 다녀왔다. 우리는 거기에 가기 전, 조천읍 해안가에 쌓인 쓰레기를 치우느라 기진맥진한 상태였다. 땀이 촉촉한 몸으로 관광버스에 올라서인지 차창으로 들어오는 바람이 더없이 상큼하다.

버스는 바람을 가르며 산간으로 달려 한라산 기슭에 도착했다. 파파빌레 올레에서 제주 토박이 여사장이 갈옷 차림으로 들꽃을 심고 있다. 화려한 조경수보다 정감이 가고 주변 경관과도 잘 어우러진다. 아직 소문나지 않은 관광지여선지 사람들이 북적이지 않아 다행이다. 호젓한 곶자왈의 정취를 한껏 누릴 수 있겠다.

희고 짙은 안개가 무리를 짓고 다녀 검은 현무암이 더 검은 빛을 띠고 있다. 곶자왈의 빌레와 동굴이 용龍의 형상으로 길게 이어진다. 먼 풍경으로 보이는 오름들이 안개 베일에 싸여 흐르고 있다. 마치 신선이 사는 듯하다. 자유로운 대지에 축적된 세월의 흔적들이라 더 신비스러워 보이는 걸까.

초원에서 어미 말과 망아지들이 한가로이 노닐고, 저쪽 웅덩이에서는 말 몇 마리가 물을 마시고 있다. 예전 같으면 말테우리도 저기서 목을 축였으리라. 물이 귀하던 산간에서 저런 웅덩이를 발견하면 힘이 나서 내달렸을 것이다. 그의 거친 숨결이 손에 잡힐 듯하다.

새벽에 집을 나서서 온종일 수십 마리의 말을 몰고 다니던 말테우리. 그는 배가 고프면 무엇으로 허기를 달랬을까. 나무의 열매를 따 먹다가 모자라면 거칠고 쓰디쓴 뿌리까지 캐어 먹었으리라. 혹독한 비바람을 견뎌낸 구황 식물들이기에 더없는 보약이 되었을지 모른다. 부드럽지 않고 떫고 쓴맛이기에 그에게 강단을 키워줬을 것이다.

멍하니 한참 있었는지 저쪽에서 누가 내게 손짓을 한다. 일행이 용의 꼬리 부분인 구불구불한 길을 걷고 있다. 한걸음에 달려간다. 바닥에 붉게 깔린 송이가 정겹다. 일행 속에 섞여 나도 하나가 된다. 앞선 이의 자박거리는 보폭에 그의 호흡과 결도 함께 묻어난다. 이 길을 걷는 발자국들은 이곳의 역사에 흔적을 남기는 중이다. 이 길목에서 할머니 할아버지가 보던 풍경을 어머니 아버지가 보았고, 우리도 같은 풍경을 바라보고 있다. 길이 풍경을 기록하여 보존하고 있다는 생각에 숙연해진다.

길 구석에 앉아 있는 송이 하나를 주워 손안에 품었다. 숨구멍이 송송 뚫려 가볍고 폭신하게 느껴지는 화산석火山石 제주 송이. 이 작은 구멍들은 먼 옛날 화산활동으로 부글부글 끓어오르던 거품 자국이다. 지금 내 손안에는 화산섬의 탄생에 관한 비밀이 들려 있고, 나는 점점 제주섬의 블랙홀로 빠져들고 있다.

제주가 해상의 중앙 허브가 아닐까 하는 다소 엉뚱한 생각이 든다. 수백만 년 전에 지구 중심에서 흘러나온 마그마의 엄청난 힘이 아직도 땅속에, 바닷속에 펼쳐져 있을지 모를 일이다. 제주가 어떤 곳인가. 전국이 얼어붙을 때도 사시사철 산나물과 해산물을 채취할 수 있었고, 흉년으로 온 국민이 굶주릴 때도 제주엔 허기져 죽는 사람이 없었다. 한라산과 바다뿐만 아니라 사계절이 공존하는 곶자왈이 있고, 무엇보다 수눔하며 서로 도왔던 문화여서다.

빌레 둘레길을 한 바퀴 돌고 별채에 있는 아담한 카페로 들어선다. 귤꽃 향기가 은은하다. 우리는 삼삼오오 둘러앉아 수제 청귤차를 주문했다. 창으로 들어오는 풍광이 청량한 푸름이다. 이런 원시적인 풍광이 사람을 더없이 편안하게 하는 것 같다.

따끈한 청귤차에 귤피 강정이 곁들여 나왔다. 차를 음미하던 중, 뒤쪽 테이블에서 나누는 대화가 본의 아니게 들린다. 여기에 들어올 때 여자 둘이 앉아 있었는데 모녀지간이었나 보다. 젊은 목소리가 분통을 터트린다.

"염치없는 것들! 그 집에 아예 발을 들여놓지 마세요."

"경ᄒᆞ여도 늬 오라방은 어멍 속 잘 알았저. 게민 어떵ᄒᆞ느니, 이제 왕 어드레 데껴불도 못ᄒᆞ곡." (그래도 네 오라비는 어미 마음 잘 알고 있을 거다. 그럼 어떡하냐. 이제 와 내쫓을 수도 없고.)

"아들도 ᄒᆞᆫ통속인 거 모르쿠가? 용돈 ᄒᆞᆫ푼 못 주는 나쁜 놈."

"제주 어멍덜은 자식덜안티 돈 받젠 안ᄒᆞᆫ다. 내 몸 오몽해질 때ᄁᆞ진 어떵ᄒᆞ멍이라도 돕젠 궁리ᄒᆞ주."

"제 몸이나 잘 술펍서. 등이 다 오그라지멍도 농ᄉᆞ짓곡 물질ᄒᆞ젠 ᄒᆞ지 말앙. 저번에도 호박갈치국 끓여주난 미개인 취급ᄒᆞ지 안ᄒᆞᆸ디가?"

"육지 부잣집 똘이난 분시 몰랑 경햄시네. 어멍이렌 ᄒᆞ는 사람은 자식덜 일루와뒁 가사, ᄆᆞᆷ 펜히 눈도 ᄀᆞᆷ아지는 벱이여."(육지 부잣집 딸이라 철없어서 그런 게지. 어미란 사람은 자식들 기반을 잡게 만든 후에 떠나야 마음 편히 눈도 감아지는 법이야.)

그때 뒤에서 휴대폰이 요란하게 울렸고 딸이 몇 마디 하는 것 같더니 급하게 둘 다 나가버렸다. 오랜만에 제주말의 원색적인 민낯과 마주했는데 아쉽다. 제주말은 의성어와 의태어가 많아서인지 표현도 퍽 재밌고 어감도 생생하다. 이응(ㅇ) 받침인 함축어가 정겨우면서 조근조근 감칠맛까지 나니까 마치 우리 할머니가 곁에 계신 듯했다. 두 여자의 감정도 고스란히 와 닿았는데 아마도 같은 문화권에 사는 사람끼리의 정서랄까 어떤 동질감이었을 게다.

제주 부모들은 아들이 장가가면 밖거리(바깥채)에 거처를 마련해주고, 부모는 안거리(안채)에 살면서 자식에게 조금도 의지하지 않는다. 서로 독립을 하면서 합리적으로 살아가기 위해 식사도 따로 해결하고 특식일 때만 함께한다. 가까이에서 때론 멀리서 늘 돌봄 역할을 자처하며 자식이 우뚝 서게 하고, 자신도 우뚝 서는 게 제주 부모들이다. 내가 어릴 때 할머니들끼리 주고받던 말이 아직도 생생하다. "오몽해질 때ᄁ진 오몽ᄒ멍 살아사." 몸이 움직여질 때까진 부지런히 움직여 스스로 해결하고 언제까지나 자식을 돌봐야 한다는 뜻이다. 콩에서 나온 낫또에 끈끈이가 달려 영양을 공급해주듯이 말이다.

제주는 사람들과의 관계도 끈끈하다. 4·3을 비롯하여 역사적인 수난을 숱하게 겪은 탓일까. 제주는 어려운 고비마다 같은 배를 탄 공동운명체로 살아오면서 서로 도와야 했다. 4·3 사건만 해도 그렇다. 현기영의 소설에 나오는 것처럼 "마을 남정네들이 한녘으론 폭도에게 쫓기고, 한녘으론 경찰에게 쫓겨, 노상 좌불안석으로 피해 다니던 시절"이 있었다. 암흑천지 칠흑 같은 어둠 속에서 누군가 불빛을 쏘아대면, 불빛 뒤에 숨은 자를 촉으로 얼른 알아내야 하고 무엇보다 입을 잘 단속해야 했다.

1948년부터 피비린내가 진동하던 7년 동안 생목숨들이 부지기수로 사라져갔다. 이념이 뭔지도 모르는 사람들에게 좌익이라는 낙인을 찍어 잔인하게 죽여 나갔던 세월이다. "우리 말이 곧 법이니까 우리가 빨갱이라고 하면 빨갱이다."라며 생사람을 잡던 토벌대들.

제주 사람들은 어떤 절망 앞에서도 좌절하지 않고 우뚝 일어나 모진 바람과 세찬 파도처럼 활기차게 살아왔다. 모든 걸 끌어안는 파도처럼 다양성을 인정하고 타자를 수용한다. 우리에게는 몸을 살아 숨쉬게 하는 희망찬 뭔가가 있다. 그 뭔가는 나뿐만 아니라 옆집 할머니에게도, 운동장에서 뛰어노는 아이들에게도, 타지에 사는 제주 사람에게도 잠들지 않고 존재한다. 앞으로도 삶이 시간 속에 존재하는 한, 영속적으로 이어질 것이다.

항아리와 글

독서회원 몇이 독립책방 투어에 나서는 날이다. 마음이 들떴는지 새벽에 깼다. 만날 장소에 일찌감치 나갔다가 손짓하는 승용차에 올라탔다. 반갑게 맞아주는 얼굴들이 환하다. 승용차는 시내를 벗어나 애조로를 달린다. 오른쪽엔 한라산의 정경이, 왼쪽엔 에메랄드빛 바다가 눈부시게 펼쳐지고 있다. 젊은 친구가 야호! 환호성을 지른다. 가사에서 모처럼 해방된 오늘, 최대한 여유를 만끽하고 싶단다. 아이들 뒷바라지와 시댁 간섭에 찌들어 '나'라는 자아가 사라졌다는 것이다. 다른 가정의 보따리들도 하나씩 끌러진다. 의외로 시댁과의 갈등이 만만찮다.

운전을 묵묵히 하던 사십대의 초등교사가 갑자기 제안한다. 오늘은 각자 고독에 빠져보는 시간을 가져보는 게 어떻겠냐는 것이다. 다들 좋다고 하면서 사색에 빠졌다. 이 땅의 기혼 여성들은 일인 다역에 헐떡이며 전투적으로 살아간다. 지혜로운 며느리로, 너그러운 아내로, 정보 빠른 엄마로, 다정다감한 딸로…. 우리는 너무 요란하게 살아가고 있다. 자신을 냉철하게 돌아보는 진정한 사유가 없이 뭔가에 쫓기듯 내달리는 형국이다. 내 안에 자리 잡은 숱한 '나'를 돌아볼 여유조차 없이 못 본 척 외면하며 산다.

승용차가 구좌읍 평대리 마을 어귀에 세워졌다. 한 시간 후에 책방에서 만나기로 하고 각자 흩어진다. 안개가 자욱하다. 마을로 얼마쯤 들어가자 몇백 년 수령인 팽나무가 마을을 지키고 있다. 구불구불한 골목이 이어지고 그 옛날 좁다란 진짜 올레와 마주한다. 정겨운 올레 울담 너머로 유독 눈길을 끄는 게 있다. 마당 한쪽의 우영팟(텃밭)에 놓인 항아리들이다. 떠도는 안개에 가려 어슴푸레하게 나타나는 항아리의 수줍은 자태가 더없이 곱다. 그 옛날 궁정에서 간택을 기다리던 처녀들도 저런 모습이었을까. 천진하면서 의연하고 진중하다.

항아리는 다양한 멋을 지녔다. 질박한 미를 품고 있는가 하면 의연하고, 도가道家에서 강조하는 무위자연의 아름다움을 지니고 있다. 내게 귀한 것을 남에게 베풀 줄 아는 유가儒家의 넉넉한 마음도 엿보인다. 항아리의 이런 품성은 태동 과정에서의 치열함에서 온 게 아닐까.

항아리는 하루아침에 탄생하지 않는다. 도예가들은 항아리가 흙과 불의 조화로 이뤄진다고 말한다. 불가마에 들어가는 흙과 그것을 소성하는 불이 아주 중요하다는 것이다. 거기에다 신神의 보살핌이 있어야만 한다. 신의 보살핌을 받으려면 노력과 정성이 필수 요건이다. 우선 작품에 맞는 흙을 찾아내야 하고 흙과 궁합이 맞는 유약의 선정도 중요하다. 이런 일들을 위해서는 끈기가 필요하고, 고독과 함께하는 맑은 정신도 있어야 한다.

항아리는 으스대는 일이 없다. 뜨거운 불길 속에서 인고의 시간을 견뎌내서인지 의연함을 잃지 않고 진중하다. 그리고 어느 공간에 두어도 화합하는 친숙함이 어머니의 성품과 닮아있다. 집안의 물건 하나하나에 어머니의 손길이 닿았지만, 항아리에 유독 손이 많이 갔다. 많은 항아리는 반질반질 윤이 났고 바깥에 두어도, 고팡에 두어도 다른 것들과 잘 어우러져 이름이 붙었다. 간장항아리, 된장항아리, 고추장항아리, 보리쌀항아리, 좁쌀항아리, 술항아리, 김치항아리, 땡감항아리….

문득 내 항아리에는 무엇이 채워지고 있을지 궁금해진다. 내 항아리는 한없이 모자라 허전하고 착잡하다. 뭔가로 채우고 싶은데 빛 좋은 개살구처럼 허울뿐인 껍데기만 남아 있다. 좋은 항아리가 만들어지기 위해서는 흙과 불의 다스림도 중요한데, 내가 빚어낸 것들은 볼

품없다. 노력과 정성이 모자라 항상 허하다. 담을 만한 게 없다는 허기는 나를 종종 괴롭혀 욕심을 앞세운다. 수필 항아리에 서둘러 뭔가를 담으려고 애쓸수록 주제는 갈팡질팡하고 감성은 북어처럼 메말라 버리기 일쑤다. 박제된 영혼은 원고지 위에서 허공을 맴돌고 문체는 윤기를 잃어 바스스 부서져 내린다. 언제쯤이면 내 속이 여물어 부끄럽지 않게 채울 수 있을까.

동네 책방을 한 군데 더 들르고 집에 돌아왔다. 택배 상자가 현관 앞에 놓여 있기에 서둘러 뜯는다. 인터넷 서점에 주문한 책들이다. 《총균쇠》, 《끝과 시작》, 《아몬드》, 《무진기행》, 《인생우화》, 《두 늙은 여자》, 《역사의 쓸모》, 《심미안 수업》, 《어리석은 철학자》, 《폭풍우》, 《쇼코의 미소》, 《사랑의 기술》, 《명작 뒤에 숨겨진 사랑》, 《팩트 풀니스》, 《당신이 옳다》, 《혼자가 혼자에게》, 《잠수종과 나비》, 《시간은 왜 흘러가는가》, 《문장의 온도》, 《데미안》.

책꽂이에 쪼르르 꽂으니 저마다 추파를 던지고 있다. 먼저 간택되기를 바라는 애들이 사랑스럽다. 나는 내일부터 한 달여, 내가 몸담은 시간과 공간을 벗어나 훨훨 날아오를 것이다. 하늘에 올라 애들 사이를 누비고 다니면서 제 주위만 빙빙 돌고 있는 초로의 여인을 관찰해 보련다. 먼발치에서 냉철하게 내다볼 생각에 내 맘은 어느새 설렘으로 차 있다.

곶자왈의 비명

몇 해 전에 어느 방송국에서 〈아마존의 눈물〉이라는 다큐멘터리 특집을 방송하여 화제가 된 적이 있다. 이 다큐멘터리는 문명의 침투로 인한 아름다운 원시적 자연의 파괴와 무너져 가는 자연 생태계, 그리고 아마존 인디오 사회에 대한 충격적인 영상을 보여주었다. 아마존의 산림 파괴로 고통받는 인디오들과 열대 밀림의 생물들, 나아가 문명사회의 무분별한 개발로 인해 불타며 사라져 가는 아마존의 슬픈 현실은 충격적이었다.

아마존은 '지구의 허파'라고 불린다. 우주의 무한한 공간에서 하나의 푸른 점에 불과한 지구지만 그 지구를 푸르게 만들어주는 것이 바로 아마존이다. 지구를 숨 쉬게 하는 곳 중 하나가 다름 아닌 아마존의 열대우림인 것이다.

이 아마존 숲이 인간의 이기심으로 파괴되어가고 있다. 그곳은 인간뿐만 아니라 온갖 동식물들이 살아가는 보금자리이고 지상낙원인데 말이다. 어린아이들이 초롱초롱한 눈망울로 묻는다. “아마존은 지구의 허파라고 하던데, 왜 아파하는 거예요?”

아마존이 지구의 허파라면, 곶자왈은 ‘제주의 허파’라고 할 수 있다. 곶자왈은 열대 북방한계 식물과 한대 남방한계 식물이 공존하는, 우리나라 제주에서만 볼 수 있는 독특한 생태 환경이다. 중산간 지대에 있는 곶자왈은 토양이 빈약하고 크고 작은 암괴들이 두껍게 층층이 쌓여있다. 비가 내리면 빗물은 곶자왈을 통과하면서 천연미네랄 성분이 담뿍 녹아들고 약알카리로 변하는데, 그러기에 제주산 생수가 최고로 각광받고 있다.

최근 조사에 따르면 한겨울에도 푸른 숲을 자랑하는 곶자왈은, 지구 온난화의 주범인 이산화탄소를 없애주는 생태계의 허파 역할을 하는 보고寶庫로 나타났다. 돌, 나무, 풀을 품고 원시적 자연의 모습을 그대로 보여주는 곳이 바로 제주의 곶자왈이다.

그 안에서 제주 사람들은 소나 말을 풀어 키웠고, 땔감이나 숯을 만들어냈으며, 계절마다 먹을거리를 장만하거나 놀이를 하며 지냈다.

한반도 최후의 상록수림 안에서 독특한 생명들이 자라나고, 사람들의 희로애락이 한껏 녹아들었던 곶자왈은 곧 삶의 터전이었다.

곶자왈은 지금 곳곳이 파헤쳐지면서 비명을 내지르고 있다. 곶자왈이 있는 중산간 지대에 엄청난 규모의 사업장이 들어서는가 하면, 외국인이나 외지인들에게 이미 팔린 곳도 엄청나다. 이곳까지 전부 개발된다고 하면 참으로 심각한 문제가 아닐 수 없다.

일부 개발론자들은 '곶자왈이 밥을 먹여주는 것은 아니잖느냐'는 경제 논리를 펼치기도 한다. 이런 속도로 곶자왈 개발 사업을 그대로 방치될 경우, 제주의 생명이 위태로울 정도로 걷잡을 수 없는 환경파괴가 일어난다는 사실을 명심하지 않으면 안 될 것이다.

허파 없는 인간을 상상할 수 없듯이, 곶자왈 없는 제주를 상상할 수 없다. 곶자왈이 사라진 제주에는 마음 놓고 마실 물이 없어지고, 수목이 우거진 아름다운 경관과 동식물이 살아 숨 쉴 공간이 없어져 급기야는 죽음의 섬이 되고 말 것이다. 곶자왈은 다음 세대에 물려줘야 할 자산이지 개발 논리로 파괴할 대상이 아니다. 한번 파괴한 곶자왈은 누구도 영원히 회복시킬 수 없다.

아마존의 원주민들은 자신이 태어나고, 죽고, 후손에게 물려줄 땅과 숲이 불타고 있는 것을 슬퍼하며 눈물을 흘리고 있다. 아마존의 원주민들보다 훨씬 더 많은 교육을 받고 높은 문명을 누리고 있다고 자부하는 우리는 왜 이 같은 생각에 미치지 못하는 걸까. 오늘은 곶자왈이 비명을 지르고 있지만, 내일은 곶자왈을 망가뜨린 인간이 더 큰 비명을 지르며 눈물을 흘리게 될 것이다.

한라산 까마귀

성판악 입구에서부터 족히 두세 시간은 걸었다. 비가 내리다가 그치고 햇살이 비친다. 하늘이 곱다. 산철쭉과 털진달래, 작은앵초는 더욱 고운 모습을 드러내고 있다. 이파리가 통통한 돌매화도 바위에 바짝 붙어 여름을 준비하고 있다. 겨울이 엊그제인 것 같은데 어느새 여름의 기운이 완연하다. 햇살이 따사롭게 내려와 사방을 감싸주니 땅 위에서 피어나는 생명이 이집트 여왕의 보석처럼 빛난다.

얼마 전까지만 해도 비가 계속 내렸다. 아침에 멀쩡하던 날씨가 한라산에 오르기 시작한 지 삼십여 분 만에 갑자기 사방이 우중충해지면서 비가 쏟아지기 시작한 것이다. 한라산 날씨는 참으로 변화무쌍

하다. 날씨만큼이나 계절도 앞서거니 뒤서거니 한다. 여름이 되어도 한라산에는 아직 녹지 않은 눈이 남아 있고, 가을이 오기도 전에 겨울이 성큼 다가설 때도 있다.

제주 사람은 한라산을 오를 때 비옷을 꼭 챙긴다. 오늘만 해도 그렇다. 온종일 맑겠다던 일기예보와 달리 갑자기 비가 쏟아진다. 다들 비옷을 꺼내 입기 바빴는데 앞서가는 일행 중에는 온몸으로 비를 맞으며 가는 노인이 있다. 그가 오름 하나를 가리키면서 4·3의 아픈 기억을 절절하게 이야기하자 분위기는 사뭇 숙연해지고, 이야기를 듣는 사방의 오름도 비통에 잠기는 듯했다.

칠십여 년 전의 일이지만, 그 현장에 있었던 사람들의 불안과 긴장은 가히 짐작하고도 남는다. 특히 산간지대에 살던 사람들의 애타는 심정은 이루 다 말할 수 없었을 것이다. 낮에는 토벌대에, 밤에는 무장대에 쫓기는 나날이 오죽 불안하고 비참했을까. 그들은 참혹한 역사의 현장을 두 눈으로 똑똑히 지켜봤다. 모든 집에 불이 질러져 한 마을이 순식간에 초토화되고, 한가족이 총살을 당하거나 대검에 찔려 죽어가는 모습을 말이다. 언제 개죽음을 당할지 몰라 하루하루 살얼음판 걷듯 살다가 스러져간 양민들의 절규가 눈앞에 그려진다. 어디서 까마귀가 나타나 아픈 현장을 말해주겠다는 듯이 "꺼어 꺼억" 울어대고 있다.

침울한 분위기 속에서 대장이 나섰다. "이 사람들아, 이 비는 우리를 위안해주는 비라고 생각하게나. 문 대통령도 '4 · 3 70주년 행사'에 참석했으니 오죽 다행인가. 이젠 빨갱이놈 새끼네, 폭도 새끼네 하는 소리가 싹 사라지겠지."

점심을 먹으려고 꽃이 지천인 진달래밭 근처에 둘러앉았다. 진달래밭에 앉은 우리도 붉게 물든다. 이 붉음은 무엇이고 예전의 붉음은 무엇인가. 낙원은 어디이고 지옥은 어디인가. 산문山門에 걸터앉아 하늘을 바라보고 있노라니 떠도는 구름만이 우리 마음을 알아본 듯 미소 짓는다.

음식을 펼쳐놓는데 어디서 다시 "거어 거억, 꺼억 거거" 소리가 난다. 흘끔 올려다 봤더니 나뭇가지에 앉은 까마귀 네댓 마리가 물끄러미 쳐다보고 있다. "거어 꺼억, 맛있겠다 거억. 음식 좀 나눠줄 수 있나요? 거억 걱."

우리는 짐짓 고구마 한 조각을 저 멀리 던져봤다. 까마귀 한 마리가 훌쩍 내려와 고구마를 물고 나무로 올라간다. 우아한 까마귀의 자태를 가까이에서 보고 싶은 욕심에 이번엔 김밥과 과일 조각을 깔개 끄트머리에 둬봤다. 우리는 애써 무심한 척 고개를 반대편으로 돌린다. 그런데도 웬일인지 까마귀들은 내려오지 않고 나무 위에서 서성이고만 있다. '깔개 위에 놓인 음식이라 조심스러워 저러나?' 그때였다. 어디서 도둑 까마귀들이 쏜살같이 내려와 서로 많이 차지하려고 맹렬하게 싸운다. 결국은 힘센 놈이 뭔가를 잽싸게 낚아채고 사라졌다.

얼마나 지났을까. 큰 까마귀 두 마리가 유유히 날아왔다. 뒤이어 새끼 까마귀 셋도 사뿐히 내려와 도둑 까마귀 떼가 휩쓸고 간 자리에 둥그렇게 앉는다. '남은 음식 조각이라도 있어 다행이네.' 하지만 누구 하나 음식에 손대지 않고 새끼 까마귀도 맑은 눈망울로 어른 까마귀만 쳐다보고 있다. 남의 깔개 위에서 먹는 게 염치없는 짓이라 저러는 걸까.

잠시 뒤, 늙수그레한 까마귀가 나무에서 내려와 저쪽으로 힘없이 날아간다. 그러자 까마귀 다섯이 음식 조각을 입에 물고 따라가는 게 아닌가. 아들로 보이는 까마귀가 늙은 까마귀 입으로 음식을 넣어준다. 까마귀를 효조孝鳥라고 부르는 까닭을 알 만하다. 그들에게 효孝가 살아 있다는 게 기특하다. 그런데도 사람들은 까마귀가 나타나면 왠지 불길하고 모습도 흉측하다고 말한다. 우리가 어떤 선입견이 있어 그렇지, 알고 보면 영특하고 자태도 우아하다.

특히 한라산 까마귀는 윤기가 자르르 흐르는 까만 털을 가지고 있을 뿐만 아니라 총기가 서려 있다. 유유히 비행하는 날갯짓도 우아하고 목소리까지 청아하다. 소음과 미세먼지에 찌든 도시 까마귀들이

"까악 까악" 괴성을 내지르는 것과 달리 격조 높은 바리톤 음색을 지니고 있다. 한라산 깊은 숲에서 그 우아한 소리를 듣고 있노라면 낙원이 따로 없을 정도다.

한 친구는 까마귀에 별 관심이 없고 선작지왓 너른 빌레에 피어있는 야생화에 넋이 나가 있다. 여기 야생화들은 왜 이렇게 납작 엎드려 있을까, 왜 이파리와 꽃잎은 이처럼 통통할까. 한라송이풀은 어떻고 한라솜다리는 어떻고…. 이 친구는 한라산에 서식하는 꽃 이름 앞에 왜 '한라'라는 접두어가 붙는지, 한라산 야생화의 생존방식은 뭔지 모르는 거 같다.

한라산에 서식하는 식물들은 쉴 새 없이 불어대는 바람과 급격한 기온변화, 척박한 토양을 극복해내느라 쉴 새 없이 고군분투해야 한다. 화산암벽 가슴까지 파고드는 칼바람을 막으려면 납작 엎드려 잎이 두꺼워져야 하고, 뿌리를 내리려면 목숨 걸고 땅을 부둥켜안아야 한다. 살아남기 위해 얼마나 몸부림쳤으면 저런 변종이 되었을까. 한라산 야생화는 혹독한 시련을 거쳐 피어났기에 바위의 눈물처럼 더욱 귀하고 애처롭다.

까마귀와 야생화를 뒤로하고 다시 걷는다. 바람이 일렁이며 운무가 몰려오고 있다. 한 무리의 운무가 몰려와 주위를 휘감는다. 금세 다른 운무가 끝도 없이 몰려와 앞도 보이지 않을 지경이다. 한라산이 품고 있는 많은 오름과 너른 초원을 조망하고 싶었는데 아쉽다. 삽시간에 먹구름이 하늘을 뒤덮으면서 급기야 싸락눈까지 희끗희끗 날리고 있다. 우르르릉 번쩍번쩍, 천둥과 벼락까지 치고 세찬 바람까지 가세한다. 입술이 바들바들 떨리고 사지가 오그라들어 하산하기로 한다.

한 시간쯤 걸었을까, 눈은 굵은 비로 변했고 운무가 조금씩 걷히고 있다. 계단의 형체가 보이기 시작한다. 산을 할퀴며 휘젓던 폭풍우도 조금 누그러들었다. 그래도 언제 또 다른 이변이 생길지 몰라 서둘러 발걸음을 재촉한다. 숨이 차오르고 체력이 바닥나고 있다.

한참 걷던 중에 걸걸한 성격의 A가 "산신山神이 오늘 단단히 노하셨네. 누가 산신님 심기를 건드렸지?" 하면서 육지 친구를 노려보다가 "야! 너 점심때 혹시 뭘 캤냐?" 하고 다그쳤다. 그러자 육지 친구가 무안해서 귓불이 발그레해진다. 사실 그녀는 점심 식사 후에 야생초 몇 개를 배낭에 집어넣고 있었다. 산에 널려 있는 야생초 몇 뿌리를 캔 죄가 이렇게나 클 줄 미처 몰랐을 거다.

제주 사람은 한라산을 신성시하여 산에서 함부로 어떤 것도 캐오지 않는다. 한라산은 평상시에 고요하고 자애롭다. 일렁이는 바다처럼 함부로 출렁이거나 들끓지도 않는다. 하지만 화가 났을 때의 한라산은 바다보다 훨씬 사납고 단호하다.

서둘러 걸어 성판악 입구 가까이에 왔는데 까마귀 소리가 난다. "우와아, 까마귀들이 여기까지 동행해 주네?" 힘든 산행이었다. 자애로운 어머니 같은 한라산은 오늘도 폭우와 세찬 바람, 야생화와 까마귀, 그리고 인간을 꼭 품어 안았다. 한라산은 늘 우리와 함께 있다. 비바람이 지나간 하늘에선 따사로운 햇살이 눈부시게 쏟아진다. 한라산 저 멀리 무지개가 우리를 내려다보며 빙그레 웃고 있다.

수월봉의 돌

수월봉 일몰을 놓치카부덴 친구가 재기재기 차를 몰암수다. 이대로 가민 일몰도 놓치지 않을 거 닽아예. 주차장에 차 세워둰 ᄃᆞ르멍ᄃᆞ르멍 꼭대기ᄁᆞ지 올라와십주. 체얌은 숨 볼락볼락ᄒᆞ난산디 아무것도 눈에 들어오지 안 헨게마는 ᄀᆞ만이 앚안 ᄆᆞ심 ᄀᆞ라앉히난 ᄒᆞ꼼썩 붸려졌수다. 눈이 베지근ᄒᆞ여졈신게마씀. ᄌᆞᆨ은 봉우리 전체가 연안 조류와 해식 작용으로 깎연, 해안 절벽도 벵풍 두르듯 장관이우다.

수월봉은 일름도 곱주마는 주벤도 고와예. 너르게 펼쳐진 수월봉 드르는 어머니 치마폭에 모자이크ᄒᆞ영 수놘거추룩 아기자기 고운 게 마씀. 물과 돌로 이루어진 수월봉水月峰이선 물이 돌에 빠지고, 돌이

물에 빠집니다. 이태백이 요디 오민, 시를 짓당 바당의 ᄃᆞᆯ 속으로 ᄎᆞᆷ벙 뛰어들 거 닮수다. 이태백은 ᄃᆞᆯ 속에 이녁이 들어 잇덴 헷수게.

물과 ᄃᆞᆯ은 원래 ᄒᆞ나엿덴예. 물이 무심히 이녁 갈 길 가듯 ᄃᆞᆯ도 유유히 흘러갑니다. 물은 아멩 힘들어도 이녁이 가고정ᄒᆞᆫ 바당으로 갑니께. ᄃᆞᆯ은 세상의 온갖 사연 품엉 ᄌᆞ신을 만들어 가곡마씀. 초승ᄃᆞᆯ이 되엇당 반ᄃᆞᆯ이 되엇당 보름ᄃᆞᆯ이 되엇당 ᄄᆞ시 그믐ᄃᆞᆯ로…. 너르닥ᄒᆞᆫ 낮광 밤은 물과 ᄃᆞᆯ을 ᄆᆞᆫ 안앙 ᄄᆞᄄᆞᆺ이 품어주고예.

일몰 중이서도 수월봉 일몰은 좀 특벨ᄒᆞᆫ 게마씀. 이곳이서 보는 일몰이 고우멍도 처연ᄒᆞ게 보이는 건, 저 장엄한 광경 ᄄᆞ문이기도 ᄒᆞ주마는 저디 담긴 슬픈 ᄉᆞ연 때문인 거 ᄀᆞᇀ으우다. 수월이와 녹고 남매가 어머니 병구완ᄒᆞ젠 약초 캐러 갓당 절벡이서 떨어정 죽은 ᄉᆞ연마씀. 생각해봅서, 그 어미 속이 오죽ᄒᆞ여시크냐. ᄀᆞ심 속이 ᄒᆞᆯ 말 솜빡이서도 말ᄒᆞ지 못ᄒᆞ고 속울음만 숨키는 저 파도도 마찬ᄀᆞ지 아니카마씀? 쉼 엇이 일렁이멍 속울음 숨키는 해조음海潮音에 나 ᄀᆞ심도 막 떨려왐수다. 저 바당은 사ᄅᆞᆷ덜 ᄉᆞ연을 ᄆᆞᆫ 알고 이실 거라예. 경ᄒᆞ멍도 ᄒᆞᆫ펜이론 무심ᄒᆞᆫ 것도 ᄀᆞᇀ으난 몰르쿠다 원. 이제사 잘 붸려보난, 바당은 저 멀리 잇수다. 파도는 물가에 왕 이서도 바당은 저디 멀리 이신게마씀.

아, 저 일몰 광경 좀 붸려봅서. 바당으로 ᄈᆞᆯ려 들어가는 벌겅ᄒᆞᆫ

해도 장관이주만 퍼렁ᄒᆞᆫ 바당물에 빠져가는 저 강렬한 색채라니! ᄎᆞᆷ말로 아름다움이렌 ᄒᆞᆫ 건 뭐렌 표현 못ᄒᆞᆯ 정도예. 아이고 경ᄒᆞᆫ디, 그 ᄀᆞ심 벅찬 찬란함이 순식간에 휏 사라졋수다. 요런 판도 이시카게. 어둠이 거멍ᄒᆞ게 ᄂᆞ리는 바당인 고기잡이배 멧 척만 덩그러니 남앙 시침 딱 뗌신게마씀.

느닷엇이 헤밍웨이의 〈노인과 바다〉라는 소설이 생각나네예. 궤길 잡젠 바당으로 나간 노인은 더 먼 바당으로 나강 큰 궤기를 낚읍니께. 둘은 사흘 동안 사투를 벌이멍 바당을 표류ᄒᆞ는디, 누가 누구를 낚아신지 몰를 정도로 숙명적인 싸움을 벌이잖아예. 경ᄒᆞᆫ 과정이서 노인은 비애와 허무 ᄀᆞᇀ은 삶의 섭리를 배웁니께. 항구에 도착했을 때 노인의 희망이었던 물고기는 앙상한 뼈만 남아신디, 과연 이 힘든 싸움에서 누가 이기고 누가 진 건고예.

에에, 시상은 놀람 천지난 나도 몰르쿠다. 시상이 이추룩 놀람 천지라도 고요ᄒᆞᆫ 건 고요ᄒᆞ고, 순수ᄒᆞᆫ 건 순수ᄒᆞ여마씀. 밀려오곡 밀려가는 바당은 언제 퉤려봐도 ᄒᆞ나우께. 산다는 건 결국 ᄒᆞ나가 되기 위ᄒᆞᆫ 몸부림 아닌가 ᄒᆞ는 생각도 문득 들엄수다. 경ᄒᆞᆫ디 ᄒᆞᇀ어지긴 쉬워도 ᄒᆞ나로 모아지긴 쉽지 안ᄒᆞᆸ주. 쓸디엇인 말덜도 너미 하영덜 ᄀᆞᆯ곡마씀게. 저 바당일 봅서, ᄒᆞ고 싶은 말은 하영 이실 테주마는 철썩이기만 ᄒᆞ는 거. 미어지는 소곱을 짚이 감춰둠서 "철썩철썩 기여기여,

늬말이 맞다 늬말이 맞아.” 헴수게.

이제 일몰이 ᄉᆞ라젓수다. 일출에서 일몰까지의 흐름을 보민, 우리 인생광 닮은 거 ᄀᆞᆮ지 안ᄒᆞ우꽈? 우리 삶도 기림을 기린덴ᄒᆞ민 이 수월봉 저녁 썰물 ᄀᆞᆮ을 텝주. 동쪽에서 태어나 잠시 거닐당 서쪽으로 지는 우리네 인생도 진진ᄒᆞᆯ 거 ᄀᆞᆮ주마는 질지 안잖아예. 영 ᄍᆞ른 인생이서 우린 얼마나 만은 지뻠광 슬픔, 만남광 이벨을 반복ᄒᆞ멍 ᄒᆞᆫ평생 살아 갔수가. 일출서 붸려보민 아득ᄒᆞ고 길게만 느껴지는 인생이 일몰에 다다르민 회한만 ᄀᆞ득ᄒᆞ고마씀게.

시간은 인간이영 손잡앙 ᄀᆞᆮ이 가지 안ᄒᆞ는 거 닮수다. 에에, 어떤 기대도 당추 말아삽주. 이 시상 누구와도 영원ᄒᆞᆯ 순 엇인 거난예. 내가 누군가의 파도가 될 수 있을 뿐 누군가의 바당이 되어주진 못ᄒᆞ는 거 아니우꽈. 잠시 이녁덜ᄒᆞ고 함께ᄒᆞᆯ 뿐, 영원히 함께ᄒᆞᆯ 순 엇이난마씀게. 시간은 인간과 멀어졍 이녁 갈 길 가곡, 인간은 시간 뒤꽁무니를 자꾸만 ᄄᆞ라가졈수다. 시간의 무늬는 자꾸 번져나가고예.

시상은 번져나가는 거 천지우다. 파도는 바당으로, 일출은 일몰로, 오늘은 내일로 번져나가지 안헴수가. 나는 이녁에게로 번지고, 이녁은 나에게로 다가와마씀. 번지면서 살아가는 게 인생 닮수다. 봄이 번져 ᄋᆢ름이 되고, ᄀᆞ슬은 저슬이 되고. ᄉᆞ랑도 슬픔도 이벨도 번져나 갑주마씀. 생로병사도 별개가 아닌, ᄒᆞᆷ치 구르멍 ᄃᆞ니는 거 ᄀᆞᆮ아예.

동새벡이 눈 뜨민 뭔가를 위해 동분서주ᄒᆞ고, 뭔가에 웃고 울고 지빠ᄒᆞ고 아파ᄒᆞ지 안ᄒᆞᆸ니까. 살아가멍 부딪히는 하간 일덜은 세계와 내 가정의 역사가 되기도 하고 혼돈이 되기도 ᄒᆞᆸ주. 문득 우리네 삶은 밝음과 어둠의 얼룩짐이 아닐까 ᄒᆞ는 생각도 들엄수다. 삶이 밝음의 세계에서만 이뤄지는 건 아니난마씀게. 아무리 펜안ᄒᆞ게 사는 거 ᄀᆞᇀ은 사름도 어둠과 죽음의 두려움이서 헤어나긴 쉽지 안ᄒᆞᆯ 거라예. 죽음의 세계 속에서 붸려보민, 우리 이성은 보살거엇고 지성이라는 것도 ᄒᆞ나 쓸모엇일 거 ᄀᆞᇀ으우다. 우린 어김엇이 반복되는 일출과 일몰의 의미조차 깨닫지 못ᄒᆞ멍 맨날 잘난첵ᄒᆞ지 안헴수가.

어린 시절에 모처럼 동물원에 갓을 때, 기린이나 얼룩ᄆᆞᆯ 앞이서 오래 이서집디다. '자이넨 목 질게 빼엉 뭘 붸렶지?' ᄒᆞ면서예. 난 지금도 몰라마씀, 저들이 뭘 붸렴신지. 자이들도 저마다 ᄄᆞ난 눈으로 시상을 붸렴실 거라예. 난 어떵ᄒᆞᆫ지 돌아봐졊수다. 불만이 ᄀᆞ득ᄒᆞᆫ 사름이멍 경ᄒᆞ지 안ᄒᆞᆫ추룩 위선 떨멍 사는 거 ᄀᆞᇀ안, 막 부치러운게마씀.

날이 어두워지고 잇네예. 사름덜이 수월봉을 ᄒᆞ나둘 떠나고 이신디, 저 멀리 바당을 내려다보는 열댓술 ᄒᆞᆨ생이 ᄒᆞ나 잇수다. 하염엇이 바라보당 욮이 이신 들꽃도 휴대폰으로 찍는 저 ᄒᆞᆨ생이 ᄎᆞᆷ 기특한 거 잇지예. 자이 모습이 세상 희망추룩 ᄇᆞᆰ아 보염수다. 가차이 다가강 말 좀 걸어보젠ᄒᆞ난, ᄌᆞᆷ깐 세경 ᄇᆞ리는 새에 오꼿 노을 속으로 ᄉᆞ라져

불어신게마씀.

수월봉을 ᄂᆞ려올 때 어느새 떠오른 ᄃᆞᆯ이 밤하널을 비춰주고 이선예. ᄃᆞᆯ은 우리의 여윈 삶을 비춰줄 거추룩 자꾸만 우리 뒤를 ᄄᆞ라왐십디다.

(표준어)

수월봉의 달

수월봉 일몰을 놓칠까 봐 친구가 서둘러 차를 몰고 있습니다. 이대로 가면 일몰을 놓치지 않을 거 같네요. 주차장에 차를 세우자마자 달리고 또 달려 수월봉 꼭대기까지 올라왔습니다. 처음에는 숨이 턱까지 올라와 아무것도 눈에 들어오지 않았는데 가만히 앉아 마음을 가라앉히자 조금씩 눈에 들어옵니다. 눈이 호강하네요. 작은 봉우리 전체가 연안 조류와 해식 작용으로 깎이니 해안 절벽이 병풍을 두른 듯 장관입니다.

수월봉은 그 이름도 예쁘고 주변 경관도 일품이지요. 넓게 펼쳐진 수월봉 초원은 마치 어머니 치마폭에 모자이크로 수를 놓은 것처럼 아기자기 예쁩니다. 물과 달로 이루어진 수월봉水月峰에선 물이 달에 빠지고, 달이 물에 빠집니다. 이태백이 여기에 오면, 시를 짓다가 바다에 빠진 달 속으로 첨벙 뛰어들 거 같아요. 이태백은 달 속에 자신이 들어있다고 했잖습니까.

물과 달은 원래 하나였다고 해요. 물이 무심히 제 갈 길을 가듯이 달도 유유히 흘러갑니다. 물은 아무리 힘들어도 자신의 갈 길인 바다로 갑니다. 달은 세상의 온갖 사연을 품은 채 자신을 만들어 가고요. 초승달에서 반달, 보름달로 서서히 나아갑니다. 그러다 다시 그믐달로 향해 가지요. 마음이 넉넉한 낮과 밤은 물과 달을 따뜻이 품어 어루만져줍니다.

일몰 중에서도 수월봉 일몰은 좀 특별한 데가 있습니다. 이곳에서 보는 처연한 아름다움은 저 장엄한 광경 때문이기도 하고, 저 속에 담긴 슬픈 사연 때문이기도 합니다. 수월이와 녹고 남매가 어머니의 병을 구완하기 위해 약초를 구하러 집을 나섰지요. 그 약초는 벼랑에서만 자라는 약초여서 절벽으로 갔습니다. 그 절벽을 타고 아슬아슬하게 약초를 캐다가 그만 낭떠러지에 떨어져 죽고 말았습니다. 남매를 잃은 어미 속이 얼마나 문드러졌을까요.

할 말이 많아도 속울음만 삼키는 저 파도를 보면 그 생각에 가슴이 저립니다. 쉼 없이 일렁이며 속울음을 삼키는 해조음海潮音에 가슴이 먹먹해지네요. 저 바다는 사람들의 갖가지 사연을 전부 알고 있겠죠. 그러면서도 어떤 때 보면 무심해 보이기도 하니, 알 수가 없습니다.

바다가 또 저 멀리 느껴지네요. 파도는 물가에 와 있는데 바다는 저 멀리 있습니다.

아, 저 일몰 광경 좀 보세요. 바다로 빨려 들어가는 해도 장관이지만 시퍼런 바닷물에 순식간에 빠지는 저 강렬함이라니! 저 황홀한 아름다움은 뭐라 표현할 길이 없습니다. 너무 짧은 순간이라 더 그런 걸까요? 가슴 벅찬 찬란함이 순식간에 확 사라지고 말았습니다. 어둠이 시커멓게 내리는 바다엔 고기잡이배 몇 척만 덩그러니 남아 시침을 떼고 있네요.

느닷없이 헤밍웨이의 《노인과 바다》라는 소설이 생각납니다. 물고기를 잡으려고 바다로 나간 노인은 더 먼 바다로 나가서 큰 고기를 낚습니다. 그 둘은 사흘 동안 사투를 벌이면서 너른 바다를 표류하게 되는데, 누가 누구를 낚았는지 모를 정도로 숙명적인 싸움을 벌이지요. 그런 일련의 과정에서 노인은 비애와 허무 같은 삶의 섭리를 배웁니다. 항구에 도착했을 때, 노인의 희망이었던 물고기는 앙상한 뼈만 남아 있었습니다. 과연 이 힘든 싸움에서 누가 이기고 누가 진 걸까요.

에구, 세상은 놀람 천지라 잘 모르겠습니다. 세상이 이처럼 놀람 천지라도 고요한 건 고요하고, 순수한 건 순수합니다. 밀려오고 밀려가는 바다는 언제 봐도 하나지요. 산다는 건 결국 하나가 되기 위한 몸부림 같기도 합니다. 그런데 흩어지긴 쉬워도 모이긴 쉽지 않지요.

쓸데없는 말들도 너무 많이 하면서 상처를 주고 있는 건 아닌지 되돌아볼 필요가 있습니다. 저 바다를 보세요. 하고 싶은 말은 많을 테지만 그냥 묵묵히 철썩이고만 있지 않습니까. 재인들 하고 싶은 말이 없겠습니까. 그러나 바다는 오늘도 모든 걸 포용하면서 "철썩철썩, 그래그래 네 말 맞다, 네 말이." 합니다.

이제 일몰이 완전히 사라졌습니다. 일출에서 일몰까지의 흐름을 보면, 우리 인생과 닮지 않나요? 우리 삶도 그림으로 펼쳐보면 이 수월봉에서 보는 광경과 같을 겁니다. 동쪽에서 태어나 잠시 거닐다가 서쪽으로 지는 우리네 인생 말입니다. 사람이 태어나서 죽을 때까지 참 길 것 같지만 그렇지 않잖아요. 이 짧은 인생에서 우린 얼마나 많은 기쁨과 슬픔, 만남과 이별을 반복하며 살아가는 걸까요. 일출에서 바라보면 아득하고 길게만 느껴지는 인생이 일몰에 다다르면 너무도 짧게 느껴지고 회한만 가득합니다.

시간은 결코 인간과 손잡고 함께 나아가진 않는 거 같습니다. 하기야, 어떤 기대도 하지 말아야겠죠. 이 세상 누구와도 영원할 수는 없으니까요. 내가 누군가의 파도가 될 수 있을 뿐 누군가의 바다가 되어주진 못하는 거 아닙니까. 잠시 함께할 수 있을 뿐, 영원히 함께할 순 없으니까요. 시간은 인간과 멀어져 그가 갈 길을 가고 있고, 인간은 시간의 뒤꽁무니만 따라가고 있습니다. 시간의 무늬는 자꾸자꾸 번져

나가고 있고요.

이 세상은 번져나가는 거 천지입니다. 파도는 바다로, 일출은 일몰로, 오늘은 내일로 번져나가지 않습니까. 나는 그대에게 번지고, 그대는 내게로 다가오지요. 번지면서 살아가는 게 세상 이치 같습니다. 봄이 번져 여름이 되고, 가을은 겨울이 되고…. 사랑도 슬픔도 이별도 번져나가지요. 생로병사도 별개가 아닌, 구르면서 함께 가는 것 같습니다.

새벽에 눈을 뜨면 뭔가를 위해 동분서주하고, 뭔가에 웃고 울고 기뻐하고 아파하지 않습니까. 살아가면서 부딪히는 온갖 일은 세계와 가정과 나의 역사이기도, 혼돈이기도 하지요. 문득 우리네 삶은 밝음과 어둠의 얼룩짐이 아닌가 생각이 듭니다. 삶이 밝음의 세계에서만 이뤄지는 건 아니니까요. 아무리 편안하게 사는 거 같은 사람도 어둠과 죽음의 두려움에서 쉬이 헤어나긴 쉽지 않잖습니까. 죽음의 세계에서 바라보면 우리 이성은 보잘것없고, 지성도 하나 쓸모없을 거 같습니다. 우리는 어김없이 반복되는 일출과 일몰의 의미조차 깨닫지 못하면서 오만하게 살아가는 건 아닌지요.

어린 시절에 모처럼 동물원에 가면, 기린과 얼룩말 앞에서 오래 머물곤 했습니다. '재네는 목을 길게 빼고 뭘 쳐다보고 있지?' 하면서요. 저는 아직도 모르겠습니다, 저들이 뭘 쳐다보는지요. 저들도 저마다 다른 시각으로 세상을 보고 있을 겁니다. 저는 어떤지 돌아보고 있습니다. 불만으로 가득 차 있으면서도 그렇지 않은 척, 위선을 뒤집어쓰고 사는 거 같아 부끄럽네요.

날이 어두워지고 있습니다. 사람들이 하나둘 수월봉 떠나는데 저쪽에 열댓 살로 보이는 학생이 먼 바다를 하염없이 바라보고 있습니다. 그러다가 휴대폰으로 들꽃을 찍기도 하고 고깃배를 찍기도 합니다. 왠지 저 학생이 세상의 희망으로 보이네요. 가까이 다가가 말을 나누고 싶은데 친구가 부르는 사이에 그는 금세 사라지고 말았습니다.

수월봉을 내려올 때 어느새 떠오른 달이 밤하늘을 비춰줍니다. 달은 우리의 여윈 삶을 비춰줄 것처럼 자꾸만 우리 뒤를 따라오고 있습니다.

설운 애기야

살당 보민 베지근훈 날도 이신 모냥이라마씀. 제주수필과비평작가회에서 특집으로 '제주의 바람'을 정ᄒᆞ여신디 두어 ᄃᆞᆯ이 확 지나불언예. 어느 날 편집위원이 "회장님은 테마수필 썸수가?" ᄒᆞ난 금치락ᄒᆞ여집디다. 회장 체면에 뭉 썽 안낼 수도 엇곡, ᄀᆞ심 ᄃᆞᆸᄃᆞᆸᄒᆞ연 이신디 하늘이 터져도 베롱훈 고망은 이선게마씀.

초상집에서 어머니 성님뻘 되는 친척 이모를 만나서예. 이모는 나 손을 덥석 잡고 반가왕ᄒᆞ멍 "요글렌 늬 글, 신문에서 못 보커라라. 늰 어떵ᄒᆞ연 글을 경 잘 써졈시니?" ᄒᆸ디다. 난 막 부치로왕ᄒᆞ멍도 업술을 떨엇십주. "아이고게 그런 말씀 마십서, 요새도 '제주 ᄇᆞ름'에 관한 글을 써사 ᄒᆞᆯ 건디 생각나는 거 엇엉 죽어지쿠다." 이모는 내 손을 잡아 이끌멍 이추룩 ᄀᆞᆯ읍디다. "아고, 건 무신 말이고? 저펜더러 글라, 나가 ᄒᆞ나 ᄀᆞᆯ아주크메."

이모는 앗안 ᄒᆞᆫ숨부터 내쉬멍 올히도 ᄇᆞᄅᆞᆷ에 와랑와랑 타오르는 새별오름의 '들불축제'를 못 보커라렌예. 아멩 ᄀᆞᆯ아봤자 요즘 사ᄅᆞᆷ덜은 잘 모를 거옌 ᄒᆞ멍, ᄇᆞᄅᆞᆷ광 돌광 여ᄌᆞ가 한한ᄒᆞᆫ 이 섬의 굴곡진 역사를 풀어놘게마씀. ᄋᆢ디 오고셍이 웲겸시난 잘덜 들어봅서.

사ᄅᆞᆷ덜은 4 · 3 ᄉᆞ건을 1948년 몇월부터네 어쩌네 떠들없주마는 피비린내 진동ᄒᆞᆫ 건 음력으로 무자년 시월부터엿저. 그땐 ᄆᆞ을 사ᄅᆞᆷ덜이 거의 ᄒᆞᆫ날ᄒᆞᆫ시에 죽어서이. 저 동펜이 북촌 ᄉᆞ건부터 ᄀᆞᆯ아주마. 거긴 ᄀᆞᇀ은 날 집마다 식게를 ᄒᆞ는디 그날은 ᄆᆞ음이 하도 아팡, 다덜 ᄀᆞ심을 탕탕 치멍 피 울음 우느녜.

어느 날 군경토벌대가 들이닥천 협상ᄒᆞ켄 꼬드기멍 운동장이 온 사ᄅᆞᆷ은 ᄆᆞᆫ 살려주크메 ᄒᆞᆫ 사람도 빠지지 말앙, 나오렌 헷주. 사ᄅᆞᆷ덜이 반신반의ᄒᆞ멍 수백 멩 모여드난 아멩이나 양펜이로 줄 세웡 총 팡팡 내ᄀᆞᆯ겨신디, 그던 어멍 젖 뺄던 물애기ᄁᆞ지 이섯덴ᄒᆞ여. 지 ᄀᆞ심팍에서 물애기 잃은 어멍은 시체 더미 속에 묻혀잇당 살아나긴 ᄒᆞ여신디 정신 줄을 오꼿 놔부런게. 미청 멧 년 헤매당 숲이서 죽엇젠ᄒᆞ여라.

토벌대는 할락산 가차이 살던 중산간 사ᄅᆞᆷ덜을 폭도렌ᄒᆞ멍 빨갱이 취급ᄒᆞ여신디 나도 중산간이 살앗저. ᄊᆞ락눈이 창호지 창에 빠득빠득 퍼부시는 날, 군인덜이 들이닥천 ᄉᆞ나이덜은 ᄆᆞᆫ 나오렌 ᄒᆞ는 거라, 폭도덜이 끈차분 전깃줄을 잇을 거렌 핑곌 대멍. 다덜 고게 갸웃거리멍 나가난 운동장이 끌고 강, ᄆᆞᆫ 죽여불언게.

갑재기 팡팡 터지는 총소리에 놀란 여ᄌᆞ덜이 우르르 달려강 보난, 눈 쌓인 운동장 가운딘 시벌건 피가 ᄀᆞ득, 담 베락엔 모가지 분질러진 시벌건 동백꿏이 ᄀᆞ득. 아무리 분시엇이 큰 늬주만은 생각해보라, 눈이나 제대로 떵 봐져시크냐.

그눔덜은 그걸로도 모잘라신디사 밤인 횃불 들렁 뎅기멍 집광 보리눌에 ᄆᆞᆫ딱 불 살라불어시녜. 이녁 새끼덜 손 잡앙 굴속으로 도망친 사름덜은 몹씰 ᄇᆞ름코지에서 ᄉᆞᆯ 닥닥 털멍 벨 꼴을 다 내다봐사 헷주. 방금 도망쳐온 ᄆᆞ을에서 불꿏이 하늘ᄁᆞ지 벌겅ᄒᆞ게 올라가멍 집덜은 폭삭폭삭 주저앚이는 꼴을.

불은 밤이 짚어갈수록 ᄇᆞ름에 더 타올랑 온 섬일 통채로 삼켜버릴 거추룩 하늘로 하늘로 올라가난 대낫보다 더 훤ᄒᆞ여낫저. 그날ᄄᆞ라 날씬 무사 경 추워신디사, 이쪽의선 니빨 닥딱, 저쪽의선 불 와랑와랑….

ᄆᆞ을이 통째로 ᄉᆞ라지난 중산간 사름덜은 해벤으로 내려가시녜. 거지추룩 몸만 들렁 해벤이 내려가난 웃드르 폭도덜 내려왓젠ᄒᆞ멍 눈

꿀제왕 살아질 말이가. ᄎᆞᆷ당ᄎᆞᆷ당 ᄉᆞ나이덜이 우들락ᄒᆞ영 ᄑᆞ들락거려 가민 할마님덜이 영 ᄀᆞᆯ으멍 달래낫저. "입 ᄌᆞᆷ짝ᄒᆞ라. 눈만 뽈롱 잘 떵 살암시민, 살아진다."

살암시민 살아집주. 봄 가민 ᄋᆢ름 오곡, ᄋᆢ름 뒤엔 ᄀᆞ슬광 저슬 오곡, ᄄᆞ시 봄으로 돌아가는 이치추룩예. 경ᄒᆞ여도 잇날 말 듣당 보민 간담이 써넝ᄒᆞ여져마씀. 우리, 억울ᄒᆞ게 간 사ᄅᆞᆷ덜을 위ᄒᆞ영이라도 호락호락ᄒᆞ진 말게예. 그게 '평화의 섬'으로 가는 가차운 질이기도 ᄒᆞ난마씀.

오늘 밤읜 ᄇᆞᄅᆞᆷ코쟁이 소리 때문산디 이모가 남긴 말이 더 귓전에 울렶수다. "지금사 4·3 70주년 때 문재인 대통령도 왓다 갓고 올히 71주년인 이낙연 국무총리도 왓다 갓저만, 잇날엔 어디시난. 저주받은 불귀의 박토렌 ᄒᆞ멍 나랏님도 사ᄅᆞᆷ덜보단 곶자왈에 이신 ᄆᆞᆯ을 더 귀ᄒᆞ게 여겻주. 우리 가족도 죽음 문턱을 수엇이 들락거렷주만, 정신 바짝 ᄎᆞ련 발부리에 힘 꽉 줭 버텸시난 견뎌졋저."

이모는 4·3 때 남편과 막내를 잃고 ᄂᆞᆷ의 밧에서 품 팔앙 아이 셋 키원예. 이 섬의선 여ᄌᆞ덜이 농사도 짓어수게. ᄉᆞ나이덜은 4·3뿐만 아니라 일제 강점기에 북해도 탄광 징용이네, 남양군도 노무 징용이네 하간디 징용에 불려강 돌아오지 못ᄒᆞ연마씀. 소나이덜이 귀ᄒᆞ난 여ᄌᆞ덜이 밤낮으로 농사에 매달령 살 수밖에 엇언예.

홀어머니가 농사짓던 친구가, 자기넨 맨날 새벽부터 일어낭 밧에 나가낫덴 홉디다. 새벽이 깨어나기 싫엉 몽케가민 어머닌 영 골아낫덴예. "인칙 출린 생이가 버렝이 ᄒᆞ나라도 더 봉가 먹은다." 경ᄒᆞᆫ디 난 농사짓엉 살렌 ᄒᆞ민 못살컵디다. 교육대학 뎅길 때 봉사활동이 소풍인 줄 알앙 ᄒᆞᆫ디 가십주. ᄒᆞᆨ교 버스에서 내리난 널르닥ᄒᆞ게 펼쳐진 유채밧이 꼭 낙원 ᄀᆞᇀ읍디다게. 경ᄒᆞᆫ디 낙원이 웬 말이우꽈. ᄒᆞᆫ꼼 이성, 과랑과랑ᄒᆞᆫ 불벳디서 유채낭 베당 보난 천국이 지옥으로 오깃 변해불지 안홉니까? 허린 끈차짐직ᄒᆞ고 종애영 둑지, 욮갈리까지 아파완예. 유채를 착착 베어 눅진 친구들은 저만치 가신디 나혼차 뒤처지난 배설 뽀땅 살아질 말이우까. 그 자리서 울멍 막 감장 돌아지커란게마씀.

다 큰 처녀가 울음 발탁도 못ᄒᆞ곡, 어디레 곱아불고파도 유채낭이 이래착저래착 드러누워부난 곱을 디도 엇곡, 집이 가불젠ᄒᆞ여도 질을 몰르난 막 서러원예. ᄀᆞ만이 앚앙 눈물 훔치멍 이신디 누게가 "이 설운 애기야, 관덕청ᄁᆞ지 데려다주크메 나영 ᄀᆞᇀ이 글라." ᄒᆞ지 안홉니까. 올려다 보난 ㅇㅇ교수가 빙색이 웃으멍 서 이십디다.

그 ᄉᆞ건 때문인진 몰라도 "자인 무남독녀라부난." ᄒᆞ멍 ᄒᆞᆫ동안 뒷말덜 하영 헷덴 홉디다. 난 그 말을 사십 년이나 지난 들엇수게. 황당ᄒᆞ기 짝이 엇입디다. 뒷담화라는 게, 이녁덜끼리만 ᄉᆞᆯ째기 ᄀᆞᆮ는 거라부난 제 귀에 안들어완마씀게. 경ᄒᆞ고 보난 머리에 떠오르는 욕이 잇수다. ᄋᆞ섬이서 젤 심ᄒᆞᆫ 욕이 뭔지 알았수가? "저 몽곳놈!" ᄒᆞ는 거우다. 그 욕도 뒤펜이서만 ᄀᆞᆯ읍니다. 무사 몽고렌ᄒᆞᆫ 나랄 들먹염신지 잘 몰른 사ᄅᆞᆷ도 이실 거라예.

ᄇᆞ름 신神은 원나라까지도 ᄇᆞ름에 실렁 완, 백 년 동안이나 요 섬이 몽케게 ᄒᆞ여서마씀. 원나라는 ᄋᆞ딜 이녁네 직할로 만들엉 벨의벨 몹쓸 짓을 다ᄒᆞ당 갓수다. 부녀자덜 겁탈을 드르에 탈 타 먹듯 헷덴 ᄒᆞ난 섬찌그랑ᄒᆞ여지지 안했수가? 여ᄌᆞ덜이 물질ᄒᆞ레 가거나 밧일ᄒᆞ레 가민 그놈덜이 어디 곱앗당 덮쳣덴 ᄒᆞ염수게. 그 족속들이 오죽이나 짐싱 ᄀᆞᇀ아시민 몹쓸 짓만 골랑 ᄒᆞ는 사ᄅᆞᆷ안티 그자락 심ᄒᆞᆫ 욕을 ᄒᆞ여시쿠가. 영 ᄀᆞᆮ긴 뭐ᄒᆞ우다만, 그 욕으로도 모잘라민 "저 몽곳놈×으로 멩글아분 새끼!" ᄒᆞᆸ니다.

게나제나 그 몹씰 ᄇᆞᄅᆞᆷ쏠을 맞으멍도 살당 보난 왕의 시절이렌ᄒᆞ는 ᄋᆞ름도 와신게마씀. 아멩 난다 긴다 ᄃᆞᆯ음박질쳐봣자 빙빙 돌아가는 하늘 이칠 벗어날 순 엇입니다. 지독ᄒᆞᆫ 저슬 지나민 ᄋᆞ름 오곡, 요름 가민 ᄯᅩ시 저슬 오곡마씀게. 경ᄒᆞ난 ᄋᆞ디선 ᄒᆞ꼼이라도 거들먹거려가민 "분시엇이 놉드지 말라." ᄒᆞ멍 머릴 콱 쥐어박읍니께.

육지 사ᄅᆞᆷ덜은 우리안티 ᄇᆞᄅᆞᆷ코쟁이추룩 ᄉᆞ납덴ᄒᆞ주마는 몰르는 말 말렌 ᄒᆞᆸ서. 태펭양 바당 ᄇᆞᄅᆞᆷ이 ᄉᆞ방이서 이녁마다의 ᄀᆞ심에 들어간 만장기가 펄럭염서마씀. 그 덕에 ᄀᆞ슴이 널널ᄒᆞ영 겉모습은 거칠어도 ᄆᆞ심은 구짝ᄒᆞᆸ니께. 뭐렌 뭐렌 ᄀᆞᆯ아도 ᄆᆞ심 구짝ᄒᆞᆫ 게 젤이우다. ᄋᆢ디선 새각시 구ᄒᆞᆯ 때도 양지보다 ᄆᆞ음씰 먼저 봐예. 양지가 암만 곱들락ᄒᆞ민 뭐ᄒᆞᆸ니까, ᄒᆞᆫ ᄃᆞᆯ밖이 못 가는디. 오죽ᄒᆞ민 탐라 천지왕도 ᄆᆞ심이 구짝ᄒᆞᆫ 총맹 부인을 택ᄒᆞ여시쿠가예.

에에, 그만 설르쿠다. 하늘이서 할마님이 내려다보멍 "이 설운 애기야, 유식ᄒᆞᆫ 첵ᄒᆞ지 말앙 그만 ᄀᆞᆯ으라." 헴신게마씀. 제가 할마님추룩 귀가 베지근ᄒᆞ게 ᄀᆞᆮ젠 숭내내어 봐신디 히어뜩ᄒᆞᆫ 소리만 하영 ᄒᆞ여진 거 닮수다.

(표준어)

철없는 아이야

살다 보면 하늘에 볕 드는 날도 있는 모양이에요. 제주수필과비평작가회에서 특집으로 '제주의 바람'을 정했는데 두어 달이 후딱 지나버렸습니다. 어느 날 편집위원이 "회장님은 테마수필 안 내실 겁니까?" 하고 묻자 당혹스러웠지요. 회장 체면에 뭉 쓸 수도 없고 가슴이 갑갑해 있는데, 하늘이 무너져도 숨 트일 구멍은 있는가 봅디다.

초상집에서 어머니 형님뻘 되는 먼 친척 이모를 만났는데 멀리서 달려와 내 손을 잡으면서 무척 반가워하는 거예요. "요즘엔 네 글,

신문에서 못 보겠더구나. 넌 어찌 글을 그리도 잘 쓰는 게냐?" 그 말이 민망하기도 해서 엄살을 떨었습니다. "아이고, 그런 말씀 마세요. '제주 바람'에 관한 글도 써야 할 건데 막막합니다." "그게 무슨 말이냐. 저쪽으로 가자, 내가 말해줄게."

이모는 앉자마자 한숨부터 내쉬며 올해도 바람에 활활 타오르는 새별오름의 '들불축제'를 볼 수 없겠더랍니다. 아무리 말해봤자 요즘 사람들은 잘 모를 거라면서 제주의 굴곡진 역사를 풀어놓습니다. 여기에 고스란히 옮겨 놓을 테니 잘 들어보세요.

사람들은 4 · 3 사건을 1948년 사월부터네 어쩌네 하면서 떠들지만, 피비린내가 진동한 것은 무자년 음력으로 시월부터였지. 그땐 마을 사람들이 거의 한날한시에 죽었다. 저 동쪽에 있는 북촌 사건부터 얘기해주마. 그 마을에서는 같은 날에 집마다 제사를 지내는데 그날만 되면 다들 가슴을 탁탁 치며 피울음을 쏟아낸다.

어느 날 군경토벌대가 들이닥쳐 협상하겠다고 꼬드기면서 운동장으로 나온 사람은 살려줄 테니 한 사람도 빠짐없이 나오라고 하더란다. 사람들이 반신반의하면서 수백 명이 모여들자 아무렇게나 두 줄로 세우고 총을 따다다닥 내갈겼는데, 거기엔 어미 젖을 빨던 갓난아기까지 있었었지. 자신의 가슴팍에서 아기를 잃은 어미는 시체 더미 속에 묻혀있다가 정신 줄을 아예 놔버렸지 않았겠냐.

토벌대는 한라산 가까이 살던 중산간 사람들을 폭도라고 하면서 빨갱이로 취급했는데 나도 중산간에 살고 있었단다. 싸락눈이 창호지 창에 사락사락 내리던 새벽에 군인들이 들이닥쳐서 남자들은 모두 나오라고 했지. 폭도들이 끊어버린 전깃줄을 이어야 한다는 핑계를 대면서 말이야. 다들 고개를 갸웃거리며 나가니까 운동장에 끌고 가서 모두 죽여버렸지 뭐냐.

갑자기 팡팡 터지는 총소리에 놀란 아줌마들이 집 밖으로 우르르 달려가 보니, 눈 쌓인 운동장 가운데엔 새빨간 피가 가득하고 담장 구석엔 목 부러진 새빨간 동백꽃이 가득했다. 아무리 철모르고 자란 조카지만 생각해 보렴, 눈이나 똑바로 뜨고 볼 수 있었겠는지 말이야.

그놈들은 그래도 성에 안 찼는지 밤엔 횃불을 들고 다니며 집들과 짚가리에 전부 불을 질렀지 뭐냐. 어린 자식 손을 잡고 급히 굴속으로 도망친 사람들은 매서운 고추바람 곶에서 몸을 덜덜 떨며 벌겋게 타들어 가는 마을을 지켜봐야만 했다. 불은 밤이 깊어갈수록 바람에 더 타올라 온 섬을 통째로 삼켜버릴 듯 하늘까지 올라가니 대낮보다 더 훤했지. 그날따라 날씨는 왜 그리 추웠는지 이쪽에선 이빨 다다다닥, 저쪽에선 불이 와랑와랑….

마을이 사라지니까 해변 동네로 내려왔는데 산에서 내려온 폭도라고 하면서 얼마나 괄시를 하던지 눈칫밥 때문에 살지 못할 지경이었다. 참다못한 청년들이 화가 치밀어올라 바짝 달려들어 싸울라치면 할머니들은 이렇게 말하면서 달래곤 했지. "입 다물라. 눈 똑바로 떠서 정신 바짝 차리고 살다 보면 살아진다."

맞습니다, 살다 보면 살아지지요. 봄이 가면 여름이 오고, 여름 뒤에는 가을과 겨울이 오고, 또 봄으로 돌아가는 이치처럼 말입니다. 그래도 옛날 말을 듣다 보면 가슴이 서늘해지곤 하지요. 우리, 억울하게 간 영령들을 위해서라도 호락호락하게 살진 말아야겠습니다. 그게 '평화의 섬'으로 가는 지름길이기도 하니까요.

오늘밤엔 세차게 불어대는 바람 소리 때문인지 이모가 남긴 말이 더 귓전에 울립니다. "지금이야 4·3 70주년 때 문재인 대통령도 오고, 올해 71주년엔 이낙연 국무총리도 왔다 갔지만 옛날엔 어림도 없었다. 저주받은 불귀의 박토라고 하면서 나라님도 제주 사람보다 제주말[馬]을 더 귀하게 여겼지. 전쟁에 내보내려면 오죽이나 말들을 우대했겠니."

이모는 4·3 때 남편과 막내 아기를 잃고 혼자 힘으로 아이 셋을 잘 키웠지요. 죽음의 문턱을 수없이 드나들면서도 발부리에 힘을 꽉 주고 농사를 지으면서 말입니다. 제주에서는 여자들이 농사짓고 살았습니다. 남자들은 4·3뿐만 아니라 일제 강점기에 북해도 탄광 징용이네, 남양군도 노무 징용이네 온갖 징용에 불려 나가서 돌아오지 못했으니까요. 남자들이 귀하니까 여자들이 밤낮으로 농사에 매달려 살 수밖에 없었습니다.

홀어머니가 농사짓던 친구가, 자기네는 매일같이 별 보는 꼭두새벽에 일어나 밭에 나갔다고 합니다. 일어나기 싫어서 늑장을 부려가면 어머니가 이렇게 말했다고 해요. “일찍 나선 새가 벌레 한 마리라도 더 주워 먹는다.” 하지만 난 농사짓고 살라고 하면 못 살겠습디다. 교육대학에 다닐 때 봉사활동을 갔더랬지요. 학교 버스에서 내리니까 넓게 펼쳐진 유채밭이 낙원 같았습니다. 조금 뒤 쨍쨍 내리쬐는 불볕에서 유채를 베다 보니 금세 지옥으로 변해버리지 않겠습니까. 허리는 끊어질 듯하고 종아리와 어깨, 옆구리까지 견디기 힘들 만큼 아프더군요. 거기에다 유채를 삭삭 베어 눕힌 친구들은 벌써 저만치 갔는데 혼자 뒤처지니 그게 또 얼마나 창피하던지요.

다 큰 처녀가 함부로 울지도 못하고, 어디 숨어버리고 싶어도 유채나무가 이리저리 누워버려 숨을 곳도 없고, 집에 가고 싶어도 길을 모르니 서러울 수밖에요. 가만히 얕게 앉아 훌쩍거리고 있는데 누가 “이 철딱서니 없는 아이야, 관덕정까지 데려다줄 테니 어서 가자.” 하지 않겠습니까. 고개를 들어보니 실과 교수가 빙그레 웃으며 서 있었습죠.

그 사건 때문인지 몰라도 “재는 무남독녀니까.” 하면서 한동안 뒷담화 무성했대요. 나는 그 말을 사십 년이 지나서야 듣고 얼마나 황당했는지 모릅니다. 뒷담화라는 게, 저들끼리만 소곤거리는 말이니 제 귀에 들릴 리 있었겠습니까. 그러고 보니 얼른 떠오르는 욕이 있습니다. 제주에서 가장 심한 욕이 뭔지 아십니까? "저 몽골놈!" 하는 거예요. 그 욕도 뒤에서만 몰래 합니다. 왜 몽골이라는 나라를 들먹이는지 모르겠지요?

바람의 신神은 원나라까지도 바람에 싣고 와서 백 년 동안이나 제주에 머물게 했습니다. 원나라는 여기를 자기네 직할로 만들어 별의별 몹쓸 짓을 다 하다 갔지요. 부녀자들 겁탈을 들에 널려 있는 산딸기 따 먹듯 했다고 하니 섬뜩하지 않습니까. 여자들이 물질하러 가거나 밭일을 하러 가면 그놈들이 어딘가 숨어있다가 갑자기 덮쳤다고 합니다. 그 족속들이 오죽이나 짐승 같았으면 몹쓸 짓만 골라서 하는 사람한테 그리 심한 욕을 했겠습니까. 이런 말 하기는 좀 껄끄럽습니다만, 그 욕으로도 모자라면 "저 몽골놈 ×으로 만든 새끼!"라고 합니다.

그나저나 그 혹독한 바람살을 맞으면서도 살다 보니 왕의 시절이라는 여름도 오긴 왔네요. 아무리 난다 긴다, 뛰어 봤자 빙빙 돌아가는 하늘의 이치를 벗어날 순 없습니다. 지독한 겨울이 지나면 여름이 오고 여름이 가면 다시 겨울이 오지요. 그래서인지 제주에서는 조금이라도 거들먹거려가면 "철없이 날뛰지 마라." 하면서 머리를 콱 쥐어박습니다.

육지 사람들은 우리한테 바람 곶처럼 사납다고 하지만, 모르는 말입니다. 태평양 너른 바람이 사방에서 쌩쌩 불어 저마다의 가슴에 쏙쏙 들어와 있습니다. 제주 사람의 가슴 속엔 만장기가 펄럭이고 있지요. 그 덕에 가슴이 널널하여 겉모습은 다소 거칠게 보여도 마음은 반듯하답니다. 뭐니뭐니해도 마음 반듯한 게 제일이지요. 여기서는 새색시 구할 때도 얼굴보다 마음을 먼저 봅니다. 얼굴이 아무리 예쁘다 한들 뭐합니까 한 달밖에 못 가는데요. 오죽하면 탐라천지왕도 마음 반듯한 총명 부인을 택하였겠습니까.

아, 여기서 맺을게요. 하늘에서 우리 할머님이 내려다보면서 "이 철없는 아이야, 조조조조 그만 말하고 유식한 척도 그만하라." 하고 있습니다. 제가 우리 할머님처럼 귀 솔깃하게 말하려고 흉내 내어 봤는데 쓸데없는 소리만 잔뜩 늘어놓은 것 같습니다.

ᄉᆞ름 구실

ᄋᆞ, 누게영 심ᄒᆞ게 쌉는 꿈을 꾸당 ᄌᆞᆷ 깨엇수다. 원고 마감일이 ᄇᆞ짝 ᄄᆞ라붙언 조치와가난 아멩이라도 써보젠 끙끙댐신디 ᄋᆢᇁ이서 북부기 뒈쓰는 소릴 ᄒᆞ는 거라예. "손지 볼 땐 이디저디 아팡 죽어지켄 ᄒᆞ단, 이젠 ᄄᆞ시 글에 들엉 난린게." 남펜의 빈정대는 ᄌᆞᆫ다니에 화가 바락 낭, 와락 치대겨집디다. "실게창지 보뜨게 말앙, 저레나 갑서!" 경ᄒᆞ난 ᄌᆞᆷ에서 깬 건, 나가 웨울르는 소리에 놀렌 거마씀.

남펜 말추룩 손지를 키우멍 하간디 탈 난 건, 맞수다. 오죽ᄒᆞ민 소곱으로 '이제랑 이녁칩이 가 불어시민.' ᄒᆞ여집니까게. 다행이도 첫돌 앞뒹 서울로 돌아가부난 ᄒᆞ꼼 헉삭ᄒᆞ긴 ᄒᆞ여도 지꺼집디다. ᄉᆞ실

빈자리가 너무 컨 썰렁ᄒᆞ긴 헨마씀. 경헤도 벵원이 다녀지곡 오금도 페와정 펜안ᄒᆞ엿십주. 경 ᄒᆞ꼼 베롱헤전 살아갈 만ᄒᆞ염시난 난디엇이 ᄌᆞᆫ다니가 ᄄᆞ라붙엉 이런 판도 이시카예.

ᄀᆞ심 솜뿍 ᄀᆞᆸᄀᆞᆸᄒᆞ난산디 글 씨젱 앚이민 셍각나던 소재도 ᄆᆞᆫ ᄃᆞᆯ아나불어마씀. 경ᄒᆞ던 중, ‘교감자격연수 동기회’서 하반기 산행ᄒᆞᆯ 거렌 문자 와십디다. 콧ᄇᆞ름이라도 쒜고팡 가켄 얼른 답ᄒᆞ엿십주. 멧 년 만이 ᄎᆞᆷ석ᄒᆞ는 거난, 하영 설렌예. 경ᄒᆞᆫ디 뒷녁날부턴 찬ᄇᆞ름이 ᄇᆞ름코쟁이추룩 쌩쌩 불고 제주서 ‘코로나19’ 확진자도 멧 생겨부난 ᄌᆞ들아지쿠가 안ᄌᆞ들아지쿠가. 셋바닥에 가시바농ᄁᆞ지 돋안마씀게. 경ᄒᆞ단도 가는 날은 하널이 들러지멍 퍼렁ᄒᆞᆫ 날씨난 ᄂᆞᆯ개기 ᄃᆞᆯ아져십주.

할락산 둘렛질이선 더 ᄂᆞᆯ개기 ᄃᆞᆯ안마씀. 그디선 사ᄅᆞᆷ덜도 하간 이왁을 생이덜추룩 노래ᄒᆞ멍 ᄀᆞᆯ읍디다. ᄄᆞ난디선 화내멍 시킬 훈계도, 숲이선 다덜 어떵사 촉촉ᄒᆞ고 노고롯ᄒᆞᆫ지예. 누게가 단풍입이 잘도 곱덴ᄒᆞ멍 나무 가젱일 오도독 끈차가난 영덜 노래ᄒᆞᆸ디다. “난 가젱이 쪼르는~♬♪ 거, 못 붸려엇~♫♩저.” “나도 ᄆᆞᆯ 죽은 밧디 갓당 와부~♬♪난, 못 붸려엇~♫♩저.”

속담 깃든 노랫말을 시작으로, 베지근ᄒᆞᆫ 제주속담덜이 줄줄 나오난 ᄉᆞ방이서 난리낫수다. 원석 ᄀᆞᇀ은 진ᄒᆞᆫ 속담에 웃음발탁덜ᄒᆞ멍 ᄒᆞ나가 뒈어십주. 난 그때ᄁᆞ정 제주속담이 그자락 한한ᄒᆞᆫ 줄 당추 몰란

마씀게. 거기 간 사름덜은 속담뿐만 아니라 하간 거 잘덜도 압디다. 속담이민 속담, 약초민 약초, 낭이민 낭…. 탐라국 ᄌᆞ손덜은 뭔가 또나도 또나에. 그날은 벨ᄒᆞ게 몬딱덜 멋지고 곱들락ᄒᆞᆸ디다게. 질루지만썩 피어난 꼿이라마씀. 하간 꼿덜이 입을 ᄃᆞᆯ싹이멍 ᄋᆞ라 가지 이왁ᄒᆞ여가난 ᄌᆞ미지쿠가 안 ᄌᆞ미지쿠가.

ᄒᆞᆨ창시절 이왁도 하영 나와신디 듣는 것만으로도 춤 베지근ᄒᆞᆸ디다. 제주 말은 이왁으로 들어도 좃고, 글로 익어도 가심에 ᄉᆞᆱ겨정 잘도 좋아마씀. 귀ᄒᆞᆫ 유산이난 탐라국 후손덜답게 나서서 잘 보전ᄒᆞ여삽주. 하르바님 할마님이 ᄀᆞᆮ던 이왁을 우리 부미가 혯고, 부미가 혯던 걸 나가 ᄀᆞᆮ지 안ᄒᆞ염수가에. 나 아이덜광 나 아이덜의 아이덜ᄁᆞ지 잇어가삽주.

올히, 제주어 기본과정을 ᄆᆞ첫수다. 이제부턴 책무감에서라도 제주어로 글 썽 남겨사큰게마씀. 얼마 전인 할락산이서 입 ᄌᆞᆷᄌᆞᆷᄒᆞ엿주마는 나도 ᄒᆞᆨ창시절 ᄉᆞ건을 ᄀᆞᆯ아보쿠다. 하이고, ᄂᆞᆷ과 걸어진 일이난 ᄀᆞ심 털어졊저. 이후루제 거느리왕상ᄒᆞᆯ 것도 닮고에. ᄒᆞ주만 어떵ᄒᆞᆸ니까 오널은 하늘이 무너져도 원고를 올려야 ᄒᆞᆯ 거난마씀.

1970년대 중반이 대ᄒᆞᆨ 다니던 때우다. 코스모스꼿이 ᄉᆞ방이서 웃는 ᄀᆞ슬, ㅇㅇ 교수가 귤밧디로 모이렌 ᄒᆞ여서에. '또시 검질 매렌 ᄒᆞᆯ 거구나.' ᄒᆞ난 부에가 바락 납디다게. 벗 너다ᄉᆞᆺ이영 밍글락밍글락 몽

켐시난, 누게가 버렉이 ᄃᆞᆯ려완 "안 오민 시염 잘 쳐도 과락 줄 거렌." ᄒᆞ는 거라예. 그 말에 벗덜은 눈치껏 ᄃᆞ르멍 가고, 난 가기 실펑 늘짝 늘짝 갓수다.

귤밧디 들어서는 순간, 교수가 막 화내멍 "거기 서!" ᄒᆞ는 거라예. 어정쩡ᄒᆞ게 성 이신디, 교수가 다가왕 내 잠지패길 ᄄᆞ리지 안ᄒᆞᆸ니까. 저펜이서 자갈 날르던 ᄉᆞ나이덜광 검질 매던 여자아이덜이 히뜩히뜩 붸리멍 '잘콴다리여!' ᄒᆞ는 거 ᄀᆞᇀ읍디다. 소곱이 뒈싸지쿠가 안뒈싸지쿠가. 하도 구체시러완 오시록ᄒᆞᆫ더레 들어가십주. 화딱지가 어떵사 나던지 골겡일 탁 내부찌난 ᄌᆞ끗디서 수꿩이 놀레연 파다닥 놀아가멘예. 난 더 추물락 놀래연 물싹 들어앚아젼마씀. 귤낭에라도 직산ᄒᆞ난 견뎟주, 경안ᄒᆞ여시민 기절ᄒᆞ영 나혼차 어떵ᄒᆞᆯ 뻔헷수가.

제우 정신출련 보난 눈앞이 노리롱ᄒᆞᆫ 감귤이 베롱베롱 이십디다. ᄒᆞ날 똑ᄒᆞ게 ᄄᆞ단 입에 털어넣어십주. 아이고, 경도 ᄃᆞᆯ코롬새코롬 맛이 ᄌᆞᆺ카예. 하도 벨ᄒᆞᆫ 맛이라 멧 갤 더 ᄄᆞᆫ안 먹는디 어디서 까마귀 다ᄉᆞᆺ이 나타낭 "까옥까옥, 나도 먹고프다. 까옥 까까꺄옥." ᄒᆞ멍 입 다십디다게. 하도 먹고팡 ᄒᆞ는 거 닮앙 알멩일 ᄄᆞ당 ᄒᆞ꼼 케우려십주. 경ᄒᆞ난 까마귀도 사ᄅᆞᆷ인고라 "가옥가옥, 까가옥" 인사ᄒᆞ여뒹 놀아갑디다.

저펜인 아적도 작업이 끗나지 안ᄒᆞ연예. 난 ᄂᆞᆷ덜추룩 검질 멜 줄도 몰르고 실프기도 ᄒᆞ난 귤껍플을 이디저디 데끼멍 몽닐 ᄌᆞᆫ뜩 부렷십주. '실픈 맨 맞아도, 실픈 일은 못ᄒᆞᆫ다.' 는 말도 잇수게. 옴치엇인 교수가 밉직ᄒᆞ고, 심벡ᄒᆞ멍 일ᄒᆞ는 ᄒᆞᆨ생덜도 밉직ᄒᆸ디다. ᄒᆞᆫ참 이시난 교수 말소리가 들려와서예. "귤 ᄒᆞ나도 똗지 말곡, 흑에 털어진 것도 봉강 보곰지에 담지 말곡…." 난 답ᄃᆞᆯ이ᄒᆞ는 ᄌᆞᆫ다닐 듣구정 안ᄒᆞ연, 귀마구리 퉤불언마씀.

어떵어떵 견뎜시난 실습시간이 끗난, 강의실로 돌아갈 때엿수다. 여ᄌᆞ아이덜이 앞질 놔뒁 저짝 뒷질로 벵 돌앙 가는 거라예. '현관으로 가는 가차운 질 놔뒁 무사지?' 생각ᄒᆞ멍 앞펜일 보난 ᄉᆞ나이덜이 ᄎᆞᆷ새덜추룩 쫄쭈런이 앚아이선게마씀. 부치러웡 저덜 ᄂᆞ시 지나지 못ᄒᆞ는 거예. 나만 혼차 우뚝 성 이시난산디, 멀리서 ᄉᆞ나이덜이 날 비룽이 붸렶십디다. 난 모게길 더 굳작 세완 그쪽더레 ᄄᆞ박ᄄᆞ박 걸어가십주.

가이네 코앞일 막 지나는디 갑재기 강ㅇㅇ가 거령청ᄒᆞ게 영 넝끼리는 거 아니우꽈? "요레 지나가~민, 베똥 토레기 퉨~다~." 그 말이 끗나기도 전이 다덜 "와하하하" 웃음발톡ᄒᆞ멍 능락거립디다게. 머리두껭이가 휑 ᄋᆞᆯ리쿠가 안 ᄋᆞᆯ리쿠가. 나도 몰르게 냅다 ᄃᆞᆯ려들언 가이 뻬암데길 와작착 후리대겨십주. 경헤둰 ᄒᆞᆫᄃᆞᆯ음에 이칭 강의실로 내ᄃᆞᆯ렷수다. '이ᄎᆞᆷ에 ᄒᆞᆨ골 ᄄᆞ려치와사켜, 요런 돗두루웨덜ᄒᆞ곤….'

강의실서 재게재게 첵가방을 쳉기는디 누게가 소릴 빽 지르는 거라마씀. 뒬 돌아보난 가이가 뒷문을 팍 ᄋᆞᆯ아제꼉 "X발, 너 오널 나안티 죽엇어!" ᄒᆞ멍 ᄃᆞᆯ려들멘예. 눈에서도 피 쏟아짐직사리 핏발 과짝ᄒᆞ고 온몸이 살기등등ᄒᆞ연 사ᄅᆞᆷ서늉 아닙디다, 망나니주. '야이 손에 맞아 죽겟구나.' ᄒᆞ난, 난 그 자리서 오꿋 얼어붙어불언마씀. 다행이 가이 벗이 나타낭 가일 제압ᄒᆞ멍 와당탕우당탕 쌉는 트멍에, 난 첵이고 뭐고 다 들러데껴뒨 줄행랑 쳐십주. 계단을 화르륵 내려감신디 그 둘이 웨울르는 소리가 천둥베락 저리 가랍디다. 현관 앞이서 담밸 피우던 ᄉᆞ나이 멧은 도망치는 날 붸리멍도 눈만 두릿두릿헴섯고예.

와랑와랑 나완, 빼슬 타고 집이 와십주. 오자마자 ᄉᆞᆯ째기 내 방에 들어완 이불 뒤집어썽 ᄁᆞᆫᄁᆞᆫ 울엄시난 어머니가 어떵 알안 문 열멘예. ᄒᆞᆨ교 이실 시간인디 웬일이냐며 뭔 일인지 ᄀᆞᆯ아보렌 날 일으킵디다. 난 칭원ᄒᆞᆫ추룩 눈물 닥닥 흘리멍 ᄌᆞ세히 ᄀᆞᆯ아안네엇수게. 삐얌데기 후리대긴 건 쏙 빼고, ᄉᆞ나이덜 앞일 지나당 억울ᄒᆞ게 당한 거만 내세완마씀. 조용히 듣던 어머니가 ᄎᆞ분ᄒᆞ게 영 ᄀᆞᆯ읍디다. "교수도 어이엇고, 그 남ᄒᆞᆨ생도 ᄎᆞᆷ 못뒛네. 경ᄒᆞ라, 그런 ᄒᆞᆨ교 뎅길 필요 엇다." 의외로 하도 단호ᄒᆞ게 나오난 추물락 놀레연예. 경ᄒᆞᆫ디 나영 ᄒᆞᆫ통속이렌 생각ᄒᆞ난 다륵다륵 털어지던 눈물도 ᄉᆞ라지고 소곱이 노고롯헤집디다. 난 어머니 무릅이서 ᄌᆞᆷ들었고 일어낭 보난 ᄄᆞᄄᆞᆺᄒᆞᆫ 어머니 쿰이란게마씀.

뒷녁날부턴 ᄒᆞᆨ교도 안갈 거난 고넹이 ᄂᆞᆾ 싯듯 양지에 물만 무청, 자수刺繡ᄒᆞ는 우녁칩이 강 멧날 메칠 놀앗십주. ᄒᆞ루긴, ᄒᆞᆨ생과장안티서 전화가 완예. 느네 ᄉᆞ건으로 교수회의가 ᄋᆞᆯ렷다면서 ᄒᆞᆨ교에 ᄒᆞᆫ저 나오렌 ᄉᆞᆯᄉᆞᆯ 달랩디다.

메칠 후제 ᄒᆞᆨ생과장실에 강 보난, 가이가 발탁 일어서멍 크싱크싱 흘깃흘깃 눈끌ᄒᆞ는 거라예. ᄒᆞᆨ생과장이 나안티 앚이렌 ᄒᆞ멍, 찻잔에 차를 ᄄᆞ라주당 가이안티 영 ᄀᆞᆯ안마씀. "강ㅇㅇ, ᄉᆞ나이답게 너 ᄆᆞᆫ첨 잘못헷덴 사과ᄒᆞ여!" 경ᄒᆞ난 가인 아닐케라, 눈 뽕그랑케 뜨멍 막 대드는 거 아니우꽈? "나가 뭘 잘못헷습니까, 고연숙이 베락치기로 ᄃᆞᆯ려들엇주. 교수님은 눈이서 펀개 펀찍ᄒᆞ는 삐얌데기 맞아봤습니까? 경ᄒᆞ고 입은 토라져도 말은 발르게 ᄒᆞ렌 헤신디, 자이가…"

그날 가이, 숭시추룩 스승안티 잘도 들러퀍디다. ᄒᆞᆨ생과장도 오죽어이가 엇어시민 속슴ᄒᆞ연 붸림만 ᄒᆞ여시코예. 난 ᄋᆢᇁ이서 ᄒᆞᆨ생과장 ᄂᆞᆾ이 실룩거리멍 일그러지는 걸 불펜ᄒᆞ게 지켜봐사 헤십주. 그때 가이영 나가 화해ᄒᆞᆫ 거 ᄀᆞᆮ진 안허우다. 경ᄒᆞ여시민 교수가 멩질날 저녁이 둘을 이녁칩이 불러당 얼렁탕쉬 안헤실텝주. 교수도 ᄒᆞ당ᄒᆞ당 버쳐신디사 그루후젠 드릇쌍 내분 거 닮고, 나도 원체 오고불퉁ᄒᆞᆫ 숫붕테라부난 무룩이 이서진 거 닮아마씀.

세월이 흘런 서른 ᄉᆞᆯ ᄀᆞ차이 뒈엇을 때우다. 짝 엇인 사름은 웨롭

넨 ᄒᆞ멍 부미가 하도 와려가난 절혼을 헤십주. 절혼ᄒᆞ난 맞벌이에다 자식 싯 키우멍 하널이 푸른지 힌지 몰르컵디다. 경ᄒᆞ당 막내가 중ᄒᆞᆨ 괄 들어가사 ᄒᆞ꼼 베롱헤져서예.

ᄒᆞ를은 대ᄒᆞᆨ 동문훼 가 봐십주. 앞이서 비비둥둥 호랑가달ᄒᆞ는 ᄉᆞ나이가 이십디다. '누군디 저자락이나 주짝거리멍 놉담신고.' ᄀᆞ만이 보난 강ㅇㅇ마씀게. 가이가 시상 무서운 줄 몰랑 기십 ᄇᆞ짝ᄒᆞ여둠서 하도 대장질헤가난 여동창이 이추룩 웬깁디다. "시상 불루울 거 ᄒᆞ나 어실 거 ᄀᆞᇀ은 자이안티도 불루운 사ᄅᆞᆷ이 이서나선게. 이녁 어머닌 얼굴도 히양ᄒᆞ고 교양도 넘첫다메? 경ᄒᆞᆫ디 ᄄᆞᆯ은 에미 닮은 구석 ᄒᆞ나 엇이 막 ᄂᆞ실기만 ᄒᆞ난, 겔국 ᄉᆞ귀지 안헷덴."

기가 꽉 막히민 말도 나오지 안흡디다에. 가이가 나안티 주으릇ᄒᆞᆫ 적도 엇고, 어머닐 만난 적은 더더욱 엇어십주. 어멍사 부글락부글락 부에가 나던지, 포마시ᄒᆞ젠 역불로 늦게ᄁᆞ지 남앗수다. 호시탐탐 기훼 엿보당 트멍 셍기난, 가이 ᄌᆞᆺ디로 가서예. "야, 강ㅇㅇ! 너 우리 어머니 ᄒᆞᆫ 번이라도 봐 봣냐?"

시상에! 입이 열 개라도 ᄒᆞᆯ 말 엇인 놈이 와들랑ᄒᆞ멍 ᄄᆞ시 들러키멘예. 입바우에 보각보각 게끔ᄁᆞ지 뿜어대멍 영 치대기는 거 아니우꽈? "속솜ᄒᆞ여! 반펭싱 ᄀᆞᆮ지 못ᄒᆞᆫ 말, 이젠 모돈 ᄀᆞᆯ아사커라. 그때 그 일, 전화질ᄁᆞ지 ᄒᆞᆯ ᄉᆞ건이냐? 나, ᄂᆞ네 안방이ᄁᆞ지 강 꿇어앚아나서.

교수가 문뚱ᄁᆞ지 끌고 강 쪽풀리게 X발. 경ᄒᆞ고…."

줄창 쏟아지는 폭포 소리에 난 하도 추물락ᄒᆞ고 는착ᄒᆞ연 정신이 ᄒᆞ나도 엇입디다. 생전 체얌 듣는 어마무시ᄒᆞᆫ 말이난마씀. 나가 ᄒᆞᆨ교에 나가지 안ᄒᆞᆫ 여가에 어머니가 ᄒᆞᆨ장실로 전화헷던 모냥이라예. 어머니가 경ᄒᆞ리라곤 상상도 못ᄒᆞᆯ 일이라십주게. 우리 어머닌 어지간ᄒᆞᆫ 일에 나서는 타입이 아니엇수다.

가이 말 들으멍 ᄂᆞᆾ을 우터레 못들컵디다. 경ᄒᆞ덴 비잘비잘 기냥 돌아서민 사ᄅᆞᆷ이우꽈. 뭐렌 퍼붓어도 ᄆᆞᆫ 받아주젠 ᄆᆞ음 먹으멍 죽은추룩 고겔 숙영 ᄀᆞ만이 이서십주. 난 기가 팍 죽엉 흘긋흘긋 흘그산이 젼 가이 눈치만 ᄒᆞᆫ참 동안 봬려집디다.

경ᄒᆞ단 ᄌᆞ존심이영 뭐영 ᄆᆞᆫ 데껴뒨 진정고정 짚이짚이 ᄉᆞ과ᄒᆞ여서예. 경ᄒᆞᆫ디 가인 와삭바삭ᄒᆞᆫ 성질ᄒᆞ곤 뜬판으로 말모레기추룩 입 ᄌᆞ그물엉 속슴ᄒᆞ지 안ᄒᆞᆸ니까. 아멩 지달려도 반응엇이 조용ᄒᆞ난 '무신 숭시여' 생각ᄒᆞ멍 고겔 ᄉᆞᆯ쨱이 들엉 봬려봣수게.

시상에 영도 ᄒᆞ카예! 가이 눈에 눈물이 솜빡ᄒᆞ게 그랑그랑ᄒᆞ영 싯지 안ᄒᆞᆸ니까. ᄂᆞ실던 눈방울도 소곡ᄒᆞ여전 싯고마씀. 나도 몰르게 울컥헤지멍 나 눈이서도 눈물방울이 알더레 다륵다륵 털어집디다. 멧십 년 묵혓던 얼음산이 스르르 녹아가는 눈물마씀게. 그 물애기 눈물추룩 ᄆᆞᆰ은 청이슬이 둘 ᄀᆞ심으로 ᄄᆞᄄᆞᆺᄒᆞ게 흐르난, 베라벨 것덜이 믄짝 녹아내리는 거 굳읍디다.

세상사 벨 거 이수가예, 어우렁더우렁 수눔ᄒᆞ멍 ᄉᆞᆯ아가는 겁주. ᄂᆞᆽ 부치러와도 ᄆᆞᆫ 내치난 몸과 멤이 가베와정 잘도 좋은게마씀. 우리 어머님이 천당이서 빙섹이 웃으멍 "그 ᄒᆞᆨ생광 화해ᄒᆞᆫ 거 보난 역시 우리 ᄄᆞᆯ이여. 멩심ᄒᆞ라, 늬 그 성깔만 ᄒᆞ꼼 눌르멍 살민 사ᄅᆞᆷ 구실 ᄒᆞ여진다." 했수다.

(표준어)

사람 구실

으, 누군가와 심하게 싸우는 꿈을 꾸다가 잠이 깼습니다. 원고 마감일에 쫓겨 뭐라도 써보려고 끙끙대는데 옆에서 염장 지르는 소리를 하지 않겠습니까. "손주 돌볼 땐 여기저기 아파 죽겠다고 하다가, 이젠 또 글에 매여 난리네." 남편의 빈정대는 잔소리에 화가 바락 나서 "속 뒤집지 말고 저리 가서 당신 할 일이나 하세욧!" 하고 와락 대들어집디다. 그러니까 잠에서 깬 건, 제가 내지르는 큰 소리에 놀란 거였지요.

남편 말마따나 손주를 키우느라 여기저기 탈이 난 건 맞습니다. 오죽하면 마음속으로 '이젠 저들 집으로 돌아가도 좋으련만 했을까요. 다행히 첫돌을 앞두고 서울로 돌아가니까 우선은 좋았는데 다음날부턴 빈자리가 너무 커서 썰렁했습니다. 하지만 병원도 다니고 사지도 펴서 쉴 수 있으니까 편해진 건 사실이지요. 그렇게 좀 살 만해지니까 난데없이 남편의 잔소리가 따라붙어 난리니 이런 판도 있습니까.

가슴이 딱 막혀 갑갑하니까 글 쓰려고 앉아도 떠오르던 소재조차 모두 달아나버리는 겁니다. 그러던 차, '교감자격연수 동기회'에서 하반기 산행을 할 거라는 문자가 오지 않았겠습니까. 콧바람이라도 쐬려고 참석하겠다는 문자를 얼른 넣었지요. 몇 년 만에 참석하는 날이라 많이 설렙디다. 그런데 뒷날부터 칼바람이 날을 세워 쌩쌩 불고 제주에서도 '코로나19' 확진자가 몇 명 나오니까 스트레스가 어지간했지요. 혓바닥에 가시 바늘이 돋을 정도였으니까요. 그러다가 가는 날은 하늘이 높다랗게 맑은 날씨라 날개를 달았습니다.

한라산 둘레길에선 더 날개를 달았지요. 거기선 사람들이 이야기할 때도 제주어로 새들처럼 노래하듯 하지 않겠습니까. 다른 곳에서는 화를 내면서 시키는 훈계도, 숲에서는 모두 어찌나 촉촉하고 부드럽던지요. 누군가 단풍잎이 참 곱다고 하면서 나뭇가지를 뚝 꺾으니까 이렇게 노래하듯 리듬을 타며 말합디다. "난 나뭇가지 자르는~♬♪ 거, 못 봐았~♫♩네." "나도 말 죽은 밭에 갔다 오느~♬♪ 라, 못 봐았~♫♩네."

속담이 깃든 노랫말을 기점으로 구수한 제주 속담이 줄줄이 나오니까 사방에서 난리가 났습니다. 원석 같은 진한 속담에 공감하면서 우린 한마음이 되었지요. 저는 그때까지 제주 속담이 그렇게나 많은 줄 까맣게 몰랐습니다. 거기에 있는 사람들은 속담뿐만 아니라 온갖 것을 다 압디다. 속담이면 속담, 약초면 약초, 나무면 나무…. 탐라국 자손들은 뭐가 달라도 달라 보였지요. 그날은 유별날 정도로 모두 멋있고 고웁디다. 저만씩 피어난 갖가지 꽃 같습디다. 온갖 꽃들이 입을 달싹이며 온갖 이야기를 하니까 재미있을 수밖에요.

학창시절의 에피소드도 쏟아져 나왔는데 듣는 것만으로도 참 구수합디다. 제주말은 이야기로도, 글로도 가슴에 와 닿아 참 좋답니다. 제주어는 귀한 유산이니 탐라국 후손들답게 잘 보전해 나가야지요. 할아버지와 할머님이 말해줬던 말을 부모님이 했고, 부모님이 해주셨던 말을 제가 하고 있지 않습니까. 제 아이들이랑 제 아이들의 아이들까지 이어가야만 합니다.

올해, 제주어 기본과정을 수료했습니다. 책무감에서라도 제주어로 글을 써서 남겨야 할 것 같네요. 얼마 전 한라산 둘레길에서는 입을 다물었지만, 저도 학창시절에 있었던 사건을 얘기해볼까 합니다. 그런데 남과 걸쳐진 일이라 심장이 떨리네요. 이후에 뒷담화가 무성할 것도 같습니다만, 오늘은 어쨌거나 원고를 써야 하니까 눈 딱 감겠습니다.

때는 1970년대 중반, 대학에 다니던 시절입니다. 코스모스꽃이 만발한 가을 어느 날, ○○ 교수가 귤밭으로 모이라고 했지요. '이번에도 김을 매라고 하겠네.'라는 생각에 화가 치밀어오르지 않겠습니까. 가기 싫은 친구 네댓이랑 어물쩍거리고 있는데, 누가 헐레벌떡 달려와서 "실습하러 오지 않으면 아무리 필기시험을 잘 봐도 과락을 줄 거래." 하는 게 아니겠습니까. 그 말에 혼비백산한 친구들은 서둘러 달려가고, 저도 가기 싫은 발걸음을 뗄 수밖에 없었지요.

귤 과수원에 가 보니까 교수가 잔뜩 화가 나서 저한테 "거기 서!" 하는 겁니다. 어정쩡한 자세로 서 있던 중, 교수가 다가와서 내 엉덩일 때리는 게 아닙니까. 저쪽에서 자갈을 나르던 남학생들과 김을 매던 여학생들이 히뜩히뜩 보면서 '고거 참 쌤통!' 하는 것 같습디다. 속이 뒤집히고 낯도 뜨거워져 구석진 곳으로 몸을 숨겼지요.

화가 어찌나 치밀어오르는지 홧김에 호미를 탁 던지니까 옆에 숨어있던 수꿩이 놀라서 파드닥 날아가지 않겠습니까. 저는 심장이 떨어질 만큼 더 놀라서 그 자리에 털썩 주저앉고 말았습니다. 곁에 귤나무라도 있으니까 살았지, 안 그랬으면 저 혼자 어떻게 됐겠습니까.

겨우 정신을 차려보니까 눈앞에 노란 귤이 주렁주렁 달려 있습디다. 귤 하나를 똑 따서 입안에 넣었지요. 이렇게나 달콤새콤, 좋을 수가! 하도 기가 막히게 별난 맛이라 몇 개를 더 따서 먹고 있는데 어디서 까마귀 다섯 마리가 나타나서 "까옥까옥, 나도 먹고 싶다. 까옥까까까옥." 하면서 입맛을 다시는 겁니다. 간절히 애걸복걸하는 것 같기에 알맹이를 쪼개서 던져줬지요. 그러자 까마귀도 사람이나 마찬가지인지 "고마워요, 고마워." 인사하면서 날아갑디다.

저쪽을 살펴보니 아직도 흙을 고르는 작업이 끝나지 않은 것 같았어요. 김매기 작업이 싫은 저는 귤껍질을 여기저기 던지면서 몽니를 잔뜩 부렸지요. "싫은 매는 맞아도, 싫은 일은 못 한다."라는 속담도 있지 않습니까. 염치없는 교수가 밉고, 경쟁하면서 일하는 학생들도 미웠습니다. 한참 있으니까 교수 목소리가 들려왔어요. "귤 한 개도 따지 말고, 바닥에 떨어진 것도 주워서 주머니에 담지 말고…." 저는 학생들을 닦달하는 잔소리를 듣고 싶지 않아, 귀를 아예 닫아버렸습니다.

마침내 실습시간이 끝나고 강의실로 돌아갈 때였지요. 여학생들이 앞길을 놔두고 저쪽에 있는 뒷길로 빙 돌아서 가는 게 아닙니까. '현관으로 가는 가까운 앞길을 놔두고 왜 저러지?' 생각하면서 앞쪽을 보니까 남학생들이 참새들처럼 쪼르르 앉아있는 겁니다. 수줍어서 그 앞을 도무지 지나가지 못하는 것이었어요. 저 혼자 우두커니 서 있으니까, 남학생들이 멀리서 저를 뚫어지게 지켜보고 있습디다. 저는 보란듯이 머리를 꼿꼿이 쳐들고 그들 앞으로 뚜벅뚜벅 걸어갔지요.

그들 바로 앞을 막 지나고 있는데 갑자기 강○○가 뜬금없이 이렇게 빈정대는 게 아니겠습니까. "요 앞을 지나가~면, 배꼽 삐뚤어진~다~." 그 말이 끝나기가 무섭게 모두 "와하하하" 웃음을 터트리면서 야유를 퍼붓는 게 아닙니까. 열을 받으니 머리 뚜껑이 확 열리겠습니까 안 열리겠습니까. 저도 모르게 냅다 달려들어 강○○ 뺨을 와싹 내갈겼지요. 그러곤 한달음에 2층 강의실로 내달렸습니다. '이참에 학교를 그만둬야겠네, 이런 망나니들하고는 도무지….'

강의실에서 후다닥후다닥 책가방을 챙기는데 누가 소리를 빽 지르지 않겠습니까. 뒤를 돌아보니 그가 뒷문을 팍 열어젖히고 "X발, 너 오늘 나 손에 죽었어!" 외치면서 달려들고 있는 거예요. 눈에서는 피가 금방이라도 쏟아질 듯이 온통 핏발이 섰고, 온몸이 살기등등해서 사람으로 보이지 않았습니다. 금방이라도 그의 손에 맞아 죽을 것 같으니까 저는 그 자리에서 꽁꽁 얼어붙어 버렸지요. 다행히 그의 절친이 나타나 그를 제압하면서 피 터지게 싸우던 와중에, 저는 책이고 뭐고 다 팽개친 채 줄행랑을 쳤지요. 계단을 우당탕 내려올 때 천둥과 벼락 치는 소리가 귓전을 때릴 만큼이나 컸습니다. 현관 앞에서 담배를 피우던 남학생 몇은 도망치는 저를 보면서도 눈만 멀뚱거리고 있었습니다.

서둘러 나와서 버스를 타고 집에 왔지요. 오자마자 내 방에 살짝 들어와 이불을 뒤집어쓰고 훌쩍훌쩍 울고 있는데 어머니가 어떻게 아셨는지 문을 엽디다. 학교에 있을 이 시간에 웬일이냐며 무슨 일인지 말해보라는 거예요. 난 슬픈 표정으로 눈물을 뚝뚝 흘리면서 소상히 말씀드렸지요. 뺨 때린 건 입에 적시지도 않고, 당당하게 그 앞을 지나다가 억울하게 당한 것만 내세웠습니다. 조용히 듣던 어머닌 차분하게 이렇게 말씀하십디다. "교수도 어이없고, 그 남학생도 아주 못됐네. 그래라. 그런 학교에 다닐 필요 없다." 어머니가 의외로 단호하게 나오자 저는 화들짝 놀랐지요. 그런데 저랑 한통속이라는 생각에 방울방울 떨어지던 눈물도 사라지고 마음이 포근해져 갑디다. 제가 어머니 무릎을 베개 삼아 눕자, 어머니는 제 머릿결을 쓰다듬어 주시더군요. 나중에 깨어보니 어머니의 따듯한 품이었습니다.

뒷날부턴 학교도 안 갈 거니까 고양이세수만 하고, 자수刺繡하는 윗집에 가서 날마다 놀았지요. 어느 날 학생과장한테서 전화가 왔습니다. 너희 사건으로 교수회의가 열렸다면서 학교에 어서 나오라고 살살 달랩디다.

며칠 후에 학생과장실에 가보니까, 강○○가 벌떡 일어서며 도끼눈으로 날 째려보지 않겠습니까. 학생과장이 나한테 앉으라고 하면서 찻잔에 차를 따라주다가 그에게 이렇게 말합디다. "강○○, 사나이답게 너 먼저 잘못했다고 사과하라." 그러니까 그는 예상했던 대로, 눈을 동그랗게 치켜뜨면서 와락 대드는 게 아니겠습니까. "제가 뭘 잘못했습니까, 고연숙이 벼락치기로 달려들었지. 교수님은 눈에서 번개가 번쩍 일어나는 빰때기를 맞아본 적 있습니까? 그리고, 입은 비뚤어져도 말은 바르게 하라고 했는데 자이가 먼저…."

그날 그는 무엇에 홀린 듯 스승한테 너무 거칠게 굽디다. 학생과장도 얼마나 어이가 없었으면 아무 소리 않고 쳐다보고만 있었겠습니까. 저는 옆에서 교수님 얼굴이 묘하게 일렁이는 모습을 불편하게 지켜봐야만 했습니다. 그때 저랑 그가 화해한 것 같지는 않습니다. 화해했으면 교수가 명절날 저녁에 우리 둘을 초대해서 달랬겠습니까. 아무리 노력해 봐도 소용없으니까 나중엔 나 몰라라 한 것 같고, 저도 원래 하나만 알고 둘은 모르는 외고집인지라 미련한 곰처럼 아둔하게 산 것 같습니다.

세월이 흘러 서른 살 가까이 되었을 때였어요. 짝이 없는 사람은 외롭다고 하면서 부모가 서두르는 바람에 결혼을 했지요. 결혼하여 맞벌이에 자식 셋을 키우다 보니 하늘이 파란지 하얀지도 모를 정도로 정신없었습니다. 그러다가 막내가 중학교에 들어가니까 조금 여유가 찾아왔지요.

하루는 대학 동문회에 가봤습니다. 앞에서 마이크를 잡고 대장질하는 남자가 있기에 '대체 누구기에 저렇게나 나서지?' 눈살 찌푸리면서 가만히 보아하니 강○○ 아니겠습니까. 그가 세상 무서울 것 하나 없다는 듯이 기세등등해서 두목 행세를 해가니까 여자 동창이 이렇게 말하는 거예요. "세상 무서운 거 하나 없고, 부러울 거 하나 없는 저 친구한테도 부러운 사람이 있었더구먼. 자기 어머닌 얼굴도 하얗고 교양도 넘쳤다며? 근데도 딸은 어미 닮은 구석 없이 독하기만 해서, 결국엔 사귀지 않았다더라."

너무 기가 막히면 말이 나오지 않는가 봅디다. 그가 나한테 관심을 가져본 적도 없고, 우리 어머닐 만난 적은 더더욱 없었으니까요. 어찌나 화가 치밀어 오르던지 그에게 화풀이하려고 일부러 늦게까지 남았습니다. 호시탐탐 기회를 엿보다가 틈이 보이기에, 그 옆으로 가서 다그쳤지요. "야, 강○○! 너 우리 어머니 한 번이라도 봐본 적 있냐?"

세상에나! 입이 열 개라도 할 말 없는 놈이 또 난리 치면서 펄쩍 뛰는 게 아니겠습니까. 입가에 동글동글 게거품까지 물면서 이렇게 고래고래 소리지릅디다. "입 다물어! 반평생 내치지 못한 말, 이젠 몽땅 말할 거니까. 그때 그 일이, 학장실에 전화질까지 할 그런 큰 사건이었냐? 나, 너희 집 안방까지 가서 꿇어앉았었다. 교수가 문 앞까지 끌고 가서 쪽팔리게 X발, 그리고…."

뭐라고 퍼붓는 큰소리에 저는 너무 놀라고 간담이 서늘해져 정신이 하나도 없습디다. 생전 처음 듣는 엄청난 말이었으니까요. 제가 학교에 나가지 않은 어간에 어머니가 학장실로 전화했던 모양입니다. 어머니가 그러리라곤 상상조차 못 할 일이었습니다. 제 어머니는 어지간한 일엔 좀처럼 나서지 않는 분이셨으니까요.

저는 도무지 낯을 들지 못했습니다. 그렇다고 그냥 비비적대며 돌아서서 와버리면 사람이라고 할 수 있겠습니까. 뭐라고 퍼부어도 전부 받아줘야지 마음먹으며 머리를 숙이고 말없이 가만히 있었지요. 저는 기가 많이 죽어서 눈꼬리를 내리고 흘끔흘끔 눈치만 봐집디다.

그러다 자존심이고 뭐고 다 내버리고 진심 어린 마음으로 깊이 사과를 했습니다. 그런데 그의 화통한 성격과는 딴판으로 벙어리처럼 한참을 조용히 있는 게 아닙니까. 아무리 기다려도 너무 오랫동안 아무 반응이 없으니까 '웬일이지?' 하면서 고개를 살짝 들어 살폈지요.

세상에 이럴 수가! 그의 눈에 눈물 가득 대롱대롱 매달려 있는 게 아닙니까. 사납던 눈망울도 한결 부드럽게 누그러져 있었고요. 그 모습을 본 순간, 저도 울컥해지면서 제 눈에서도 눈물방울이 아래로 똑똑 떨어집디다. 몇십 년 묵혀뒀던 얼음산이 스르르 녹아내리는 눈물이었어요. 그 갓난아기 눈물처럼 맑은 청이슬이 둘 가슴으로 따듯하게 흐르니까 온갖 묵은 더께가 모두 녹아내리는 것 같습디다.

세상사 별것 있겠습니까. 어우러지면서 함께 살아가는 게지요. 낯뜨거워도 모두 밖으로 내치니까 몸과 맘이 한결 가벼워져 좋습니다.

우리 어머님이 천당에서 빙그레 웃으며 "그 학생과 화해한 걸 보니 역시 우리 딸 맞네. 명심해라, 네 그 성깔만 좀 눌러가며 다스리면 사람 구실해진다." 하시네요.

고연숙 수필집
노을에 물들다

인쇄 2020년 12월 10일
발행 2020년 12월 15일

지은이 고연숙
발행인 서정환
펴낸곳 수필과비평사
주소 서울시 종로구 삼일대로 32길 36(익선동 30-6 운현신화타워) 305호
전화 (02) 3675-3885, (063) 275-4000 · 0484
팩스 (063) 274-3131
이메일 sina321@hanmail.net essay321@hanmail.net
출판등록 제300-2013-133호
인쇄 · 제본 신아출판사

ISBN 979-11-5933-314-9 03810
값 13,000원

이 도서의 국립중앙도서관 출판예정도서목록(CIP)은 서지정보유통지원시스템 홈페이지(http://seoji.nl.go.kr)와 국가자료공동목록시스템(http://www.nl.go.kr/kolisnet)에서 이용하실 수 있습니다.(CIP제어번호: CIP2020052930)

Printed in KOREA

* 이 책은 2020년 Jeju 제주특별자치도 JFAC 제주문화예술재단 의 문예진흥기금을 지원받아 발간했습니다.